창의성과
코칭

김응자 도미향 정미현 공저

신정

머리말

'가장 나다운 것이 가장 창의적인 것이다'라는 말이 있다. 이는 곧 인간이 창의적 존재라는 것을 반영한다. 최근 광고를 보면 기발하다, 희한하다, 독특하다 등의 표현을 쓰게 만드는 광고가 많다. 그 광고를 이해하지 못하는 사람도 있지만 대부분의 사람들이 그 광고를 이해하는 것을 보면 우리 안에 그것을 이해할 수 있는 기발함이 있다는 것을 반증하는 것이라 본다. 즉, 창의적으로 표현된 것을 보고 이해할 수 있는 것은 내 안에 창의성이 있기 때문이라 할 수 있다.

4차 혁명시대를 맞이하면서 AI(Artificial Intelligence, 인공지능)의 등장으로 기존의 이분법적인 고민에서 본질에 대한 고민을 하는 시기에 이르렀다. 이러한 고민의 시작은 지금까지 인간이 해 왔던 일들을 AI가 대체하게 되면서 과연 AI가 인간이 할 수 있는 영역의 어느 부분까지 할 수 있는가, 그래도 스스로 생각하고 행동하는 인간이 훨씬 나은 존재가 아닌가 하는 인간의 우월함에 대한 생각을 여지없이 무너뜨렸다. 기존에 인간이 담당했던 영역이 인간보다 더 잘하는 AI로 대체되고, 단순히 산업현장에서 일을 하는 AI가 아닌 마음을 읽어 주고 위로해 주는 AI, 콜센터 직원보다 전화응대를 더 잘하는 AI가 등장하면서 AI는 인간을 위협하는 존재로 부각되어 우리는 이제 어떻게 살아야 하는지에 대한 본질적인 고민을 하게 만들었다. 그러면서 AI가 인간보다 잘하지 못하는 것은 무엇이며, 인간만이 가능한 것은 무엇인가 등의 질문에 집중하기 시작했다. 그때부터 우리에게 남겨진 주제는 바로 창의성이다.

인간은 아무리 뛰어난 AI로도 대체할 수 없는 인간만이 가능한 상상, 꿈, 희망이라는 정신과 마음의 작용을 통해 개개인이 독특한 자신만의 삶을 영위할 수 있다. 그동안 우리는 한 명의 뛰어난 인재가 이끄는 대로 시대와 상황에 맞춰 살아왔기 때문에 마치 틀에서 찍어 놓은 붕어빵처럼 똑같은 모습으로 사는 것을 당연한 양 받아들이던 때가 있었다. 그러나 지금의 사회변화는 우리에게 끊임없는 변화를 요구하고 있다.

21세기를 살아가고 있는 우리는 기계적인 삶이 아니라 삶의 의미와 가치, 인간으로서의 자신의 존재를 일깨워 자신이 원하는 성공적인 삶을 살기를 희망한다. 이것을 가능하도록 도와주는 것이 코칭이다. 코칭은 가장 창의적인 인간의 내면의 동기와 잠재력을 이끌어 자신이 원하는 탁월한 삶을 살 수 있도록 도와주는 코치와 고객이 만들어내는 향연이다.

코칭은 단순히 문제해결이나 하나 더하기 하나의 결과가 아니라 새로운 것을 창조해 낼 수 있는 힘을 부여하고, 내 삶을 가장 나답게 살 수 있도록 돕는다. 기본적으로 나답게 사는 것, 나는 누구인가, 내가 진정으로 원하는 것은 무엇인가, 무엇이 나를 나답게 하는가에 대한 자신에게 집중된 코칭질문은 내 안의 창의적 잠재력을 이끄는 동력이 된다.

이 책은 내면에 잠재되어 있는 창의성을 이끌어내는 코칭에 초점이 맞추어져 있다. 각 장마다 창의성과 코칭 이론은 물론 활동지를 제시함으로써 창의성과 코칭에 대해 이해하고, 활동지에 기록하는 과정을 통해 자연스럽게 셀프 코칭할 수 있도록 구성하였다. 이러한 과정을 통해 자신의 내면을 탐색함으로써 자신의 창의성과 만나게 될 것이다.

마지막으로 이 책의 출판을 위해 배려와 격려를 해주고 수고해 주신 도서출판 신정의 최용구 사장님과 직원들에게도 감사를 드린다.

2020. 봄

꽃이 피는 따뜻한 봄날 저자 일동

차례

chapter 01 창의성과 코칭의 개념 / 11

chapter 02 창의성과 코칭의 이론 / 43

chapter 03 코칭의 과정 / 69

창의성과 코칭의 개념

chapter 01

01 chapter 창의성과 코칭의 개념

1. 창의성의 개념과 의의

1) 창의성의 개념

4차산업혁명시대 글로벌사회를 살아가는데 필요한 역량으로 창의성과 의사소통능력, 대인관계능력, 성숙한 시민의식이 강조되면서 창의적 인재양성에 대한 필요성이 절실히 요구되고 있다. 특히 예측 불가능한 미래 경쟁 사회에서는 창의성이 미래의 가치이면서 국가의 핵심 경쟁력이라는 점에서 창의적 인재를 양성하는 것이 국가적 과제가 되었다.

일반적으로 창의성 하면 예술가나 발명가, 과학자에게 필요한 것으로 인식되었다. 그래서 창의성을 특별한 끼나 재능으로 여겨 창의적인 일을 하지 않는 사람에게는 필요하지 않은 것으로 여기기도 했으며, 나는 창의성이 없다는 생각으로 마치 창의성을 타고나는 것 또는 아주 어린 시기에 길러져야만 하는 것이라고 생각하는 경향이 있었다. 물론 창의성이 생애 초기에 개발되면 더 좋겠지만 연령이 높아졌다고 해서 불가능한 것은 아니다. 본 장에서는 잠재되어 있는 창의성 개발을 위해 창의성의 개념부터 살펴보고자 한다.

창의성이란 '새롭고, 독창적이고, 유용한 것을 만들어내는 능력' 또는 '전통적인 사고방식에서 벗어나 새로운 관계를 창출하거나, 비일상적인 아이디어를 산출하는 능력' 등 매우 다양한 개념이 존재한다(교육심리학용어사전). 창의성 개념의 변화에 대해 Dacey와 Lennon(2006)은 『창의성의 이해』라는 저서에서 르네상스 이전의 창의성을 '신비스러운 것, 초인적인 것으로 신 또는 하나님으로부터 부여받은 선물'이라고 규정했으나 이러한 시각은 르네상스와 인본주의를 거치면서 인간중심적으로, '인간의 타고난 재능'이라는 시각으로 변화되었다. 창의성에 대한 대표적인 학자인 Guilford(1956)는 창의성이란 '새롭고 신기한 것을 낳는 힘으로 새로운 사고를 생산해 내는 것'이라고 하였다. 또한 창의성이 사고력과 관련이 있다고 보고 문제에 대한 민감성, 사고의 유창성, 융통성 및 독창성, 그리고 주어진 문제를 세분화하고 명료화하는 정교성 등이 확산적 사고 능력에 포함된다고 보았으며, 확산적 사고는 어떤 주어진 문제에 대해 하나의 정답을 찾는 대신 다양하고 많은 정보를 자유롭게 찾아내는 사고라고 정의하고 이를 창의성의 기본이라고 보았다.

창의성 분야의 선구자적 심리학자인 Torrance(1966)는 창의성검사인 TTCT(Torrance Test of Creative Thinking)를 개발하고 창의성을 '곤란한 문제를 인식하고 그것을 해결하기 위하여 아이디어를 내고 가설을 세우고 검증하며 그 결과를 전달하는 과정'이라고 보았다. Torrance는 창의성을 새롭고 독특한 아이디어, 다른 관점, 문제를 새로운 시각으로 보는 것이라고 정의하였으며, 비슷한 관점으로 Taylor(1988)는 '창의성은 특정한 목적을 갖고 모인 집단에 의하여 지속적이고 유용하고 만족스러운 것으로 받아들여진 신기한 작품을 만들어내는 과정'이라고 정의하였다

긍정심리학의 대표적 학자인 Mihaly Csikszentmihalyi는 『창의성의 즐거움』이라는 저서에서 '창의성이란 일종의 정신작용으로서, 특정인의 머릿속에 일어나는 통찰력으로 사람의 머릿속에서 우연하게 일어나는 것이 아니라, 사람의 생각과 사회문화적인 배경 사이의 상호 관계에 의해 형성되는 것이다'라고 하였다. 즉 창의성은 사회문화적 맥락에서 가치 있고 실현 가능한 독창적 사고 또는 문제해결 능력이라고 할 수 있다.

Feldman(2012)도 비슷한 맥락에서 창의성을 새로운 발명, 천재적인 사고능력, 확산적 사고와 독창적인 사고 등을 포함한 모든 고차적인 사고 능력을 말하는 것뿐만 아니라 일상생활에서 당면하는 자극이나 문제에 대해 자신의 방법으로 해결해 나가는 것으로서 개인이 환경과의 상호작용 속에서 자기를 표현하고 실현해 나가는 과정이라고 하였다.

이처럼 창의성에 대한 연구자별 합의된 개념이 없는 것은 창의성을 단일 개념으로 설명할 수 없음을 의미한다. 더구나 지능이나 영재성과는 분명히 구별되는 개념이지만 문제해결이라는 측면으로 인해 혼용되어 사용되고 있다. 그러나 창의성을 새롭고 독특한 아이디어, 다른 관점, 문제를 바라보는 새로운 시각으로 보고 문제를 해결하는 능

력으로 볼 때 단순히 지능이나 영재성으로 보는 것은 창의성을 제한적으로 보는 것이라 할 수 있다. 창의성은 어떤 분야에서 어떤 측면을 강조하고, 어떻게 접근하느냐에 따라 다양하게 정의될 수 있다. 보편적으로 창의성은 새롭고 독창적이며 가치 있고 유용한 것을 창출해 내는 것이라고 정의할 수 있다.

활동 1-1 **나를 그림으로 표현하세요.**

눈을 감고 자신에 집중해서 자신에 대해 떠오르는 이미지를 그림으로 표현해 보세요.

활동 1-2 Life Line 1

눈을 감고 지금까지 지내온 과거를 회상하며 떠오르는 사건을 중심으로 곡선으로 표현하고 시기와 사건을 간단히 적어 주세요.

활동 1-3 Life Line 2

눈을 감고 앞으로 펼쳐질 미래를 그리며 찬란하게 빛나는 시기를 곡선으로 표현하고 시기와 사건을 간단히 적어 주세요.

2) 창의성의 의의

세계 각국에서 21세기 미래교육 및 미래인재가 갖추어야 할 중요한 역량으로 창의성을 강조하면서 우리나라도 세계적인 흐름에 발맞춰 교육의 목표 중 하나로 창의성을 강조하고 있다. 특히 창의성과 연관성이 깊은 문제해결력과 융합적·통합적 사고력을 키우기 위해 교육과정 및 교육방법을 개발하고 적극적으로 변화할 것을 강조하고 있다. 이는 창의성은 누구나 내면에 잠재되어 있는 능력으로 경험 및 문화의 영향에 의해 촉진될 수도 있다는 전제에서 가정교육과 학교교육을 통해 창의성 개발이 가능하다는 것을 시사한다.

이처럼 창의성은 21세기 4차 산업혁명시대를 살아가는 데 반드시 갖추어야 하는 소양으로 꼽히고 있으며, 창의적인 사고를 통해 새로운 것을 창조하며 문제에 직면하였을 때 새로운 시각으로 문제를 직시하고 창의적인 사고로 문제의 해결 방안을 찾고 문제를 해결함으로써 문제해결력을 높여 교육의 효율성을 높이는 데 기여한다.

외국의 경우 오래전부터 창의성 교육의 필요성이 제기되기 시작했으나 우리나라와 마찬가지로 지식이 강조된 교육이 이루어지다 보니 사회적 요구에 대해 빠르고 정확하게 대처하거나 실제로 부딪히는 문제들을 해결하지 못하게 되었다. 이에 교육기관에서 지식을 단편적이고 일상적인 방식으로 적용하는 방법으로만 훈련시키기 때문이라는 비판이 일면서 지금까지 학력 증진 중심에서 벗어나 발명 가능성, 독창적 능력 신장 등을 강조하는 창의성 교육에 대한 요구가 생겨나기 시작했다(Cropley, 1999). 그리고 창의성의 개념에 대한 이러한 변화는 선천적으로 주어진 능력으로서의 창의성이 아닌 교육을 통해 발현될 수 있는 잠재력이라는 관점에서 창의성을 인식할 수 있게 만들었다(Cropley, 2006; Glaveanu, 2011).

우리나라도 창의성의 정의가 다양하고 의미가 모호함에도 불구하고 학교 교육뿐만 아니라 다양한 직업 분야와 산업계에서도 요구되는 핵심역량으로 강조되고 있다. 이는 창의성이 인성발달과 정신건강에도 중요하며 정보를 습득하는 데 공헌하기 때문이다(Torrance, 1995). 특히 우리나라는 창의성만을 강조하는 것이 아닌 창의·인성을 강조하고 있어 창의성과 인성을 독자적인 특성으로 존중하면서 두 교육의 유기적 결합을 통해 창의성 개발로부터 인성을 기르고, 올바른 인성을 바탕으로 창의성을 기르는 데 목적을 두고 있다(권오남 외, 2011). 창조경제시대인 21세기를 살아가는 우리는 창의적인 인재와 함께 기술적 혁신, 다양한 분야의 지식과 정보의 융합, 참신한 아이디어 등 많은 요소가 필요하고 이것을 가능하게 하는 것이 창의성이다.

활동 1-4 Picture construction

다음의 모양을 보고 자유롭게 그림을 그려 보세요. 다 그리고 난 뒤 그림의 이름 혹은 주제를 적어 보고 당신의 스토리를 만들어 보세요.

Your title

출처: Torrance(1963). TTCT(Torrance Tests of Creative Thinking)

활동 1-5 Picture completion

다음의 그림을 완성시켜 보세요. 자신이 무엇을 그렸는지에 대해 제목을 적고 이야기를 만들어 보세요.

 1.	 2.
 3.	 4.
 5.	 6.
 7.	 8.
 9.	 10.

활동 1-6 Lines

다음의 선을 완성시켜 보세요. 그리고 자신이 무엇을 그렸는지 제목을 적어 보고 이야기를 만들어 보세요.

1.	2.	3.
4.	5.	6.
7.	8.	9.
10.	11.	13.
14.	15.	16.
17.	18.	19.

채점

1. 유창성(fluence) : 얼마나 많은 다양한 결과물을 낼 능력이 있는가? 완성을 다 못했다든지, 반복적 낙서나 추상적 그림이라든지, 인식할 수 없는 응답일 경우 마이너스, 그림을 완성하고 제목을 적은 경우 플러스
2. 독창성(originality) : 얼마나 평범하지 않은 독특한 결과물을 내는가?
3. 제목의 추상성(Abstractness of titles) : 제목을 정할 때 단어를 선택하는 센스, 추상적이지만 적절한 제목선택, 폭넓음으로 채점함, 한 단어일 경우(예를 들어 아이)**(0점)**, 간단설명(예를 들어 작은 아이)**(1점)**, 그림을 약간 뛰어넘는 제목(예를 들어, 나는 너를 사랑해)**(2점)**, 추상적이지만 적절한 제목(예를 들어, 행복)**(3점)**
4. 정교성(elaboration) : 정성을 들여 면밀하고 복잡하게 아이디어를 추가해가는 능력, 단순히 꼭 필요한 선만 사용할 경우 마이너스, 주변 공간을 세세하게 가득 채우거나 음영처리하면 플러스
5. 종결에 대한 저항(resistance to premature closure) : 시간 내에 완성하기 위해 가장 합리적인 방법을 사용하면 플러스점수, 시간에 쫓겨 단순한 선처리로 마감하면 마이너스

2. 코칭의 개념

1) 코칭의 의미와 개념

코치(coach)의 어원은 헝가리의 도시 코치(Kocs)에서 개발된 네 마리의 말이 끄는 마차에서 유래한다. 전 유럽으로 퍼진 이 마차는 콕시(Kocsi) 또는 콕지(Kotdzi)라는 명칭으로 불렸으며 영어로는 코치(coach)다. 코치는 훈련(training)의 어원인 기차(train)와 대비하여 코칭(coaching)의 특성을 잘 설명한다. coach는 현재 승객이 있는 지점에서 출발하여 원하는 목적지까지 데려다 주는 개별 서비스인 데 반해 train(훈련)은 승객이 역까지 가서 승차한 후 다른 사람들과 함께 같은 속도와 경로로 정해진 종착지에서 하차해야 하는 집단 서비스이다. 즉, 코칭은 코치가 목표를 정하고 끌어가는 것이 아니라, 고객(코칭 대상자, 코칭받는 사람)이 스스로 목표를 정하고 그 목표를 성취할 수 있도록 코치와 함께 지지하는 과정이다.

국제코치연맹(ICF)은 코칭을 '고객의 잠재 가능성을 최대화할 수 있고 스스로 진지한 고찰을 하도록 격려하는, 고객과 함께하는 창조적인 협력'(국제코치연맹, 2014)이라고 정의하였으며, 한국코치협회에서는 코칭을 '개인과 조직의 잠재력을 극대화하여 최상의 가치를 실현할 수 있도록 돕는 수평적 파트너십'이라고 정의하였다.

또한 코칭의 학문적 발전과 학계 확산을 이끈 한국코칭학회에서는 코칭이 '고객 내면의 잠재력을 최대로 이끌어 스스로 탁월한 선택을 할 수 있도록 도움으로써, 고객이 원하는 삶을 살 수 있도록 하는 것이다'(한국코칭학회, 2008)라고 정의하고 있다.

코칭은 보는 시각에 따라 다양하게 정의되고 있다(도미향 외, 2006). Crane(2002)은 코칭은 '개인적 효율성을 높이기 위해 알고 있는 무언가를 용기 있게 실천하도록 도와주는 일'이라고 정의하였고, Kollins (2004)는 코칭은 '한 개인이나 그룹을 현재 있는 지점에서 그들이 바라는 더 유능하고 만족스러운 지점까지 나아가도록 인도하는 기술이자 행위'라고 정의하였다. 그리고 에노모노 히데다케(2003)는 코칭은 '개인의 자아실현을 서포트(support)하는 시스템'으로, Stowell(1986)은 코칭은 '리더가 토의나 대화로 개입 혹은 중재하는 것인데, 이것은 구체적인 기능이나 행동을 포함하는 과정(process)'이라고 하였다(이순규, 2006). 즉, 코칭은 구두나 행동으로 구성원들에게 대화를 통해서 역량을 개발하고 동기부여를 하며 자발적으로 일할 수 있도록 격려하며 수시로 피드백(feedback)을 하는 것이다(선종욱, 2010). Whitmore(2002)는 전통적인 관리방식인 지시, 명령, 그리고 통제는 빠르게 성과를 올리는 것 같지만 언젠가는 구성원들의 저항을 낳고 또 사기가 떨어진다. 코칭은 구성원이 일에 대한 동기 부여가 되어 몰입할 수 있도록 돕는다고 하였다.

또한 '코칭은 코치가 고객으로 하여금 자기 삶의 현실을 이해하게 하고, 스스로 목표와 비전을 세우게 하여 변화하고 성장할 수 있는 강력한 동기를 부여함으로써 목표를 실현하도록 돕는 것이다. 즉, 코칭은 효과적인 커뮤니케이션을 사용하여 고객에게 삶에 대한 가치를 정하며 열정을 갖고 가치를 성취하게 하여, 고객을 변화시키며 성공하게 하는 예술적 행위이다.'라고 정의하기도 한다(선종욱, 2006).

앞에서 살펴본 바와 같이 코칭은 고객의 변화와 성장에 관심을 두고, 현재를 탐구하고 미래를 계획하며, 개인의 변화와 발전을 지원하여 잠재력을 극대화시키며 이를 통해 자기의 삶을 주도적으로 이끄는 리더로 성장시키는 파트너십 과정이라고 정의할 수 있다. 이러한 맥락에서 코칭은 협력적인 파트너십, 지지하고 돕는 상호적 관계, 역량을 이끌어 내는 인도적 관계, 더 나아가 창조적 성장관계의 속성을 가진다고 볼 수 있다.

활동 1-7 나만의 코칭 정의

다음 밑줄에 당신만의 코칭 정의를 은유적으로 만들어 보세요.

내가 정의하는

코칭이란 ______________________________이다.

그 이유는 ______________________________ 때문이다.

2) 코칭과 타 용어의 비교

코칭은 훈련(training), 교육(education), 컨설팅(consulting), 상담(counseling), 치료(therapy), 멘토링(mentoring) 등과 접근방법을 광범위하게 공유하고 있다. 코칭과 유사한 용어의 개념을 정리해 봄으로써 코칭의 정의를 좀 더 명확히 이해해 보면 다음과 같다.

(1) 상담

상담이란 도움을 필요로 하는 사람과 도움을 줄 수 있는 사람 사이의 개별적인 관계를 통하여 새로운 학습이 이루어지는 과정이다(김동기 · 장선철, 2006).

광의의 개념으로 상담은 방법을 지칭한다. 예컨대 학생지도를 하는 방법으로는 훈육, 보상, 개인상담, 집단상담 등 많은 방법이 있는데 그 방법 중의 하나가 상담이다. 협의의 개념으로 상담을 각종 적응문제, 행동문제, 심리문제, 교육문제 등을 가지고 도움을 필요로 하는 사람에게 도움을 주는 과정이다.

상담자는 교사, 카운슬러, 심리학자, 의사, 변호사일 수 있다. 영역은 심리상담, 교육상담, 건강상담, 법률상담, 부부상담 등이 있다(교육학대백과사전).

위에서와 같이 상담은 상담을 받는 개인을 도움이 필요한 존재로 보고 상담자는 관련 지식을 통해 도움을 주는 존재로 인식한다.

(2) 치료

치료란 환자의 신체적 · 정신적 질병을 약화시키는 것을 목적으로 임상적 관점에서 적용되고 있다. 따라서 의학적 기준과 심리학적 기준으로 나누어진다. 의학적으로는 육체적 질병을 약, 수술, 요양을 통해 치료하는 것이다.

심리학적 기준은 의사, 심리학자, 사회복지 담당자를 통하여 인간의 병리적 행동과 경험들을 치료하는 것으로서 병적 행동과 경험을 교정하고 갈등을 해결하여 자신감을 가지게 하는데 오늘날엔 분리되어 실시하기보다 상호 보완되어 실시하고 있다(정여주, 2003).

치료는 다양한 형태로 이루어질 수 있다. 심리학자들에 의해 상담의 형태로, 물리치료사들에 의해 다양한 운동의 형태로, 외과 의사들에 의해 손상된 부위를 도구를 통해 수술의 형태로, 치료사들에 의한 음악 · 미술 등의 활동을 통하여 이루어진다.

정신적 · 육체적인 병리증상을 없애고 싶은 사람을 위한 것이다. 치료와 상담에서 클라이언트의 동기는 원하는 목표를 추구하기보다는 대체로 고통이나 불안에서 벗어나고자 하는 것이다.

(3) 훈련

훈련은 학습과 경험을 통한 지식, 혹은 스킬을 획득하는 과정이다. 트레이너는 전문가로서 교육받는 사람이 알지 못하거나 하지 못하는 것을 알거나 할 수 있나. 트레이닝은 1대 1보다는 1대 다수로 이루어진다. 그러나 코칭은 훈련처럼 직접적으로 지식과 기술을 전수하지 않는다. 고객에게 필요한 것이 무엇인지를 알게 하고 그것을 주도적으로 습득하게 한다.

(4) 교육

교육은 가르치는 사람이 배우는 사람에게 모르는 것을 알거나 할 수 있도록 하는 점에서 트레이닝과 비슷하다. 트레이닝과 교육이 스킬에 초점을 맞추고 있다는 점에서는 코칭과 비슷하지만, 접근 방법은 다르다. 교육을 학생에게 학습의 기회를 제공하고 그 과정을 통제하는 행위(교육학대백과사전)로서 학생은 직접 배운다.

(5) 컨설팅

컨설팅은 비즈니스 문제를 해결할 수 있는 전문적인 지식이 있고, 대체로 사업 전반 혹은 특정한 부분을 다루는데 이에 속한 개개인을 다루지는 않는다. 컨설턴트(consultant)는 비즈니스 패키지(business package)의 일부로 개인에 대한 코칭을 제안할 수 있다.

(6) 멘토링

멘토링은 코칭처럼 목표에 초점이 맞춰진 것이 아니고 광범위한 내용에 걸쳐 논의한다. 멘토는 비즈니스 영역에서 많은 경험과 지혜가 있는 경우가 많다. 그러나 코치는 고객보다 비전문가일 수 있다.

또한 코칭은 주어진 환경 속에서 코치와 고객이 신뢰를 바탕으로 목표를 향하여 나아가는 과정이다. 코칭은 문제가 있을 때 '고객'의 내면에 그 문제를 해결할 수 있는 능력이 있다고 믿는다. 신뢰는 코칭의 철학을 함축하는 핵심 개념이다. 코치가 가지는 신뢰는 고객의 가능성에 관한 것이고, 고객이 가지는 신뢰는 자신의 가능성에 대한 신뢰는 물론, 코칭을 통해 목표에 이를 수 있다는 믿음을 포함한다. 이러한 믿음을 기초로 고객은 자신의 내면의 역량을 발견하고 스스로 이끌어 내는 경험을 하게 되는데 이러한 과정이 코칭이다. 코치는 프로세스를 실천하는 사람이다. 코치는 고객이 가진 문제에 대한 해박한 지식이나 전문적 지식이 필수적으로 요구되지는 않는다. 왜냐하면 해답을 고객이 가지고 있고 스스로 찾아내기 때문이다.

활동 1-8 분야별 전문가에게 자전거 배우기

코칭과 유사한 용어의 개념을 가진 분야인 상담치료전문가, 컨설턴트, 멘토, 코치에게 자전거 타는 법을 배우세요. 각각의 전문가들은 자전거 타는 법을 어떻게 가르쳐줄지 나누어진 칸에 기록하세요.

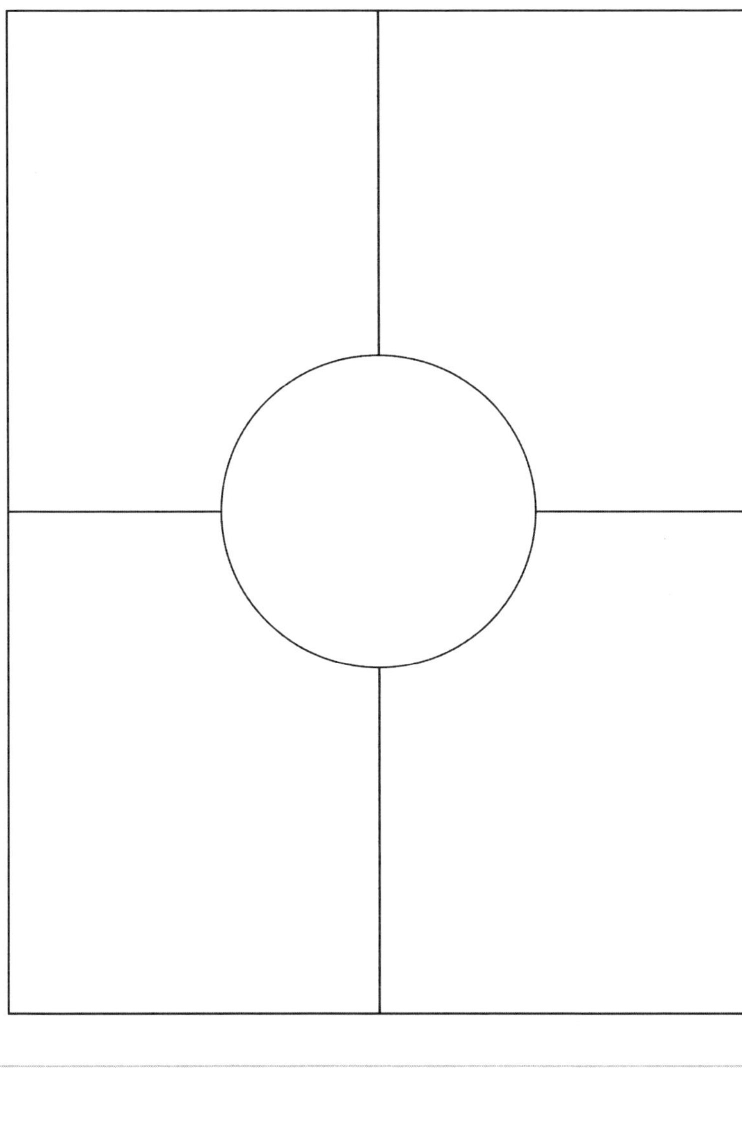

3. 코칭의 영역

코치는 여러 종류의 코칭기술(coaching skill)을 구사하는데, 먼저 고객의 상태를 파악하고, 고객에게 질문을 통하여 깨달음을 촉진시키고, 변화시켜 스스로 목표를 수립하고 행동 계획을 설정하도록 돕는다. 코칭에는 여러 분야가 있을 수 있는데 그 분야가 어떻든 모든 코칭은 매력적이며 목표와 가치 또는 미래를 위한 스킬을 제공하는 똑같은 패턴(pattern)을 공유한다. 어떤 분야에서 특화된 전문 코치가 되던 코치는 고객들이 인식하는 한계를 넘어 무의식이 미치는 곳까지 이끌어야 한다(O'Connor, 2005). 그래서 코칭은 행복한 대화기술이다(이소희, 2009).

코칭의 영역과 목표를 제시하면 다음과 같다.

1) 라이프코칭

라이프코칭(life coaching)은 모든 차원-개인적인 삶의 영역과 직업적인 삶의 분야, 건강, 인간관계에서 주로 고객의 삶을 다룬다. 언제나 당면한 이슈가 있을 수 있으나, 그것은 고객 삶의 많은 부분에 연결되기 때문에 내용 범위가 넓다. 예를 들어, 다이어트, 운동, 파트너나 아이들과의 관계, 직업에서의 만족감, 경력, 퇴직, 주위환경 등 여러 가시 다양한 분야에 걸쳐 자신의 의도와 선택, 행동에 따라 결과가 다를 수 있음을 스스로 인식하고, 코칭 과정에서 코치의 지원을 통해 현재의 위치와 미래에 되고자 하는 것을 얻을 수 있다.

라이프코칭의 효과로서 자아 관련 결과(self-related outcome)는 자아 계발 및 발전에 관련되는 것으로서 자기인식, 자존감, 감성지능, 자기 효능감 영역의 증가가 나타났다(Dingman, 2004; Gegner, 1997a).

2) 경력코칭

경력코칭(career coaching)은 적성에 맞는 직업을 찾도록 조언하거나 자신의 역량과 강점을 최고로 실현하도록 돕는다. 이 분야의 중요성은 점점 커지고 있다. 현대는 일자리보다 일자리를 원하는 사람들이 더 많다. 검증받은 자격을 갖춘 사람들이 직업시장으로 더욱 많이 나오고 있고, 기술의 발전으로 기존의 많은 직업들이 사라지고 있기 때문이다. 경력코칭도 비즈니스코칭 및 라이프코칭과 함께 다루어진다.

3) 경영자코칭

경영자코칭(executive coaching)은 조직의 임원을 대상으로 개인의 리더십 개발과 조직의 실행(performance) 향상을 위해 자기 성찰과 필요 역량 개발의 실행에 초점을 두면서 코치와 고객이 협력하여 대상자의 코칭 과제를 해결해 나간다. 경영자코칭은 기업의 성과 향상을 목적으로 전문경영인과 기업을 효과적으로 경영하도록 도우며, 최고경영자의 경영철학과 마케팅전략 관계 등 그 기업의 최고경영자가 비전을 품고 제시하도록 돕는다. 경영자코칭을 도입하면 대상자는 다양하고 긴박한 상황에서 신속히 의사결정을 하는 등 자신의 리더십을 최대한 발휘할 수 있고, 기업은 최고의 경영자를 육성하게 되어, 지속적인 경쟁력을 확보하게 된다.

4) 비즈니스코칭

비즈니스코칭(business coaching)은 직업적인 측면에서 각 고객을 돕는다. 그리고 비즈니스코치는 회사 내의 경영자와 함께 일할 수도 있고, 외부에서 들어와 팀을 코칭하기도 한다. 기업에서는 컨설팅이나 트레이닝을 도입하고 있는데, 그 과정이 종료 후속 조치로서 비즈니스코칭은 가장 좋은 프로그램이 될 수 있다. 기업에서는 코칭을 통해 핵심 강점과 약점을 발견하고 업무 향상, 관계개선 등 기업 역량을 균형 있게 성장할 수 있도록 돕는다. 세상은 점점 빠르게 변해가는데 일일이 상사의 결정을 기다려서는 재빠르게 움직이는 경쟁사회에서 밀리게 된다. 따라서 스스로 능동적으로 사고하고 움직이는 인재가 필요하다. 종종 비즈니스코칭에서는 라이프코칭이 혼합된다. 고객의 일에서 삶을 분리해 낼 수 없기 때문이다. 흔히 경영자는 어느 시점에서 일시적으로 일을 잘하지 못해 업적이 약화된다. 그러한 결과는 비즈니스 자체의 요인도 있지만 그의 삶의 개인적인 무엇인가가 영향을 미치기 때문이다. 따라서 이때 비즈니스코칭뿐만 아니라 라이프코칭이 함께 병행되어야 한다.

5) 스포츠코칭

스포츠코칭이란 선수가 운동에 참가하는데 관련된 지식이나 체력, 기술 및 전략, 태도, 철학 등을 효과적으로 습득하기 위해 코치가 해야 할 총체적 행위이다. 코칭은 전통적으로 스포츠와 관련되었고 모든 뛰어난 운동선수들은 코치의 지도를 받았다.

6) 교육코칭

최근 교육 분야에서 코칭의 연구와 프로그램 개발이 활발해지고 있으며, 한국코칭학회, 한국아동가족복지학회, 한국부모교육학회에서 다양한 코칭 프로그램이 실시되고 있다. 여기에 가족코칭(family coaching), 부모코칭(parent coaching), 아동코칭(child coaching) 등의 프로그램이 포함되어 있다.

그리고 코칭교육 프로그램을 통한 효과에 관한 연구들이 최근 활발히 이루어지고 있는데 이들을 살펴보면, 코칭프로그램은 유아의 언어 창의성 증진(도미향 · 이경주, 2010), 영아의 문제해결력과 주도성 향상(도미향 · 김순천, 2009), 유아의 사회 · 정서발달촉진(도미향 · 윤진희 · 김병은, 2009), 청소년 학교부적응 학생지도(도미라 · 김준경, 2010), 성폭력 예방코칭교육(도미향 · 김순천, 2010)에 긍정적 영향을 미치는 것으로 나타났다.

또한 코칭은 부모의 양육효능감에 긍정적인 영향을 미치고 양육스트레스 감소에도 의미 있는 영향을 미치는 것으로 나타났다(도미향 · 정미현, 2008).

(1) 가족코칭

가족코칭은 가족이 파트너, 지지자로서의 코치가 되어 고객과 지속적인 협력관계를 통해 고객의 잠재능력을 극대화시켜 가족이 함께 성장할 수 있도록 도우며 가족 간의 의사소통의 향상과 개선에 초점을 둔 실천기술이다.

가족코칭의 개념을 제시하면 다음과 같다(이소희, 2007a).

- 가족코칭은 가족구성원의 성장 발달을 돕는 실천기술이다.
- 가족코칭은 건강한 가족생활을 이루도록 돕는 실천기술이다.
- 가족코칭은 가족구성원이 리더십을 발휘하도록 지지하는 실천기술이다.
- 가족코칭은 가족문제의 발생을 예방하고 위기가족의 문제해결을 돕는 실천기술이다.

(2) 부모코칭

부모코칭은 부모가 자신의 현재 상황을 있는 그대로 인식하고 수용함으로써 건강한 나를 갖추고, 자신과 자신을 둘러싼 환경으로부터 지지를 받아 부모로서 자신감을 갖고, 자녀와 상호작용할 수 있는 코칭기술을 습득함으로써 부모역할을 효과적으로 할 수 있도록 한다. 궁극적으로 부모코칭(parent coaching)은 부모 자신뿐만 아니라 자녀의 성장을 도움으로써 더 좋은 부모, 행복한 가정으로의 변화를 돕는 풍요로운 삶의 기술이다(한국부모코칭센터, 2014).

활동 1-9 나는 코칭 전문가

코칭전문가로서 당신이 활동하고 싶은 영역과 어떤 코치가 되고 싶은지 이루어진 모습을 그림과 글로 표현해 보세요.

4. 코칭의 환경

1) 코칭환경의 조성

코칭을 실시하기 위해서는 코칭환경을 만드는 것이 우선적으로 필요하다. 코칭환경에서 가장 중요한 것은 신뢰이다. 신뢰는 코치의 믿음이며, 고객의 믿음으로 코칭철학을 기반으로 형성된다. 신뢰가 두터울수록 고객은 자신의 내면을 탐색하고 내면의 잠재력을 이끌어 낼 수 있다. 다음으로 필요한 요소는 코치로서 고객을 도와주려는 코치의 긍정적인 마인드와 코치와 고객의 협력적인 파트너십 관계를 유지하면서 간략하고 명료하며 중립적이고 긍정적인 언어를 사용하여 코칭을 진행한다(한국코칭학회, 2020). 코칭환경의 요소인 신뢰, 코치의 마음, 파트너십 관계, 코칭적 언어가 어느 한쪽으로 치우치지 않고 균형을 맞춰야 코칭이 가능하다. 코칭의 환경이 조성되면 코칭이 가능하도록 기존의 사고에서 벗어나 새로운 것을 받아들일 수 있는 패러다임 전환이 필요하다.

패러다임(paradigm)은 어떤 한 시대의 지식인들의 합의로 형성된 지식의 집합체로서 전문가들의 합의로 생성된 지식의 구조로서 사람들의 견해나 사고에 영향을 주며, 어떤 집단이 갖고 있는 생각의 틀(방식), 어떤 한 개개인이 주어진 조건에서 생각하는 방식이다(위키디피아사전). 즉, 패러다임(paradigm)은 인간이 주변세상을 지각하고, 이해하며, 해석하는 방식으로 '세상을 바라보는 자신만의 독특한 틀'이라고 할 수 있다.

대부분의 사람은 자신이 보고 싶은 걸 보게 된다. 이 과정에서 사실을 보는 게 아니라 자신이 본 것을 사실이라 생각한다. 코칭 패러다임은 인간을 정체되어 있는 존재가 아니라 끊임없이 발전할 수 있는 가능성을 지닌 존재로 보고, 주어진 환경 속에서 코치와 고객이 신뢰를 바탕으로 양방향 의사소통을 통해 목표를 향해 나아가는 파트너십 과정으로 본다.

2) 코칭 접근방법

- 고객의 삶의 의미와 존재를 연결시킨다.
- 고객의 강점을 인정하고 강화시켜 준다.
- 고객의 노력과 변화, 성장을 인정 · 지지한다.
- 고객의 스타일과 강점을 최대로 발휘하도록 돕는다.
- 고객이 하는 말의 의미와 감정을 공감하고 이해한다.
- 고객의 잠재능력을 발휘할 수 있도록 질문하고 임파워시켜 준다.
- 고객에게 모험적 시도를 할 수 있는 안전한 환경을 만들어 준다.
- 고객이 스스로 자신을 통찰하고 답을 찾을 수 있도록 함께한다.

활동 1-10 **나는 진보인가 보수인가**

당신이 세상을 바라보고 해석하는 안경의 역할을 하는 패러다임은 어떤 색인지 색칠하고 그 이유를 적어 보세요.

창의성과 코칭의 이론

chapter 02

02 chapter 창의성과 코칭의 이론

1. 창의성의 기초이론

창의성은 고대 그리스 철학자인 Plato가 그 개념을 최초로 언급한 이래 많은 연구가 이루어져 왔으나 창의성을 선천적 특성이라고 보고 과학적 연구로 이어지지는 않았다. 1920년대에 들어서면서 Gestalt학파가 창의적 사고를 연구하면서부터 '재구성(reconstruction)'이란 개념을 창의적 문제해결의 기본으로 중시하게 되었고(문정화 · 하종덕, 1999), Guilford(1956)가 창의성은 훈련될 수 없는 선천적으로 타고난 개인적 특성이 아니라 학교에서의 적절한 사고훈련을 통해 개발 가능하다는 주장을 제시하면서 창의성 연구에 대한 관심이 고조되었다. 현재까지 연구된 창의성에 대한 이론을 정리하면 다음과 같다.

첫째, 창의성을 인지적 측면으로 보고 3차원적 입체모형 지능구조 모델을 적용한 이론이다. 대표적인 학자인 Guilford(1967)는 수렴적 사고와 확산적 사고로 구분하고 이중 확산적 사고를 창의성과 관련되는 능력으로 보았다.

둘째, 창의성을 정신적 과정으로 보는 관점으로 문제해결과정을 중시함으로써 방법론적 측면을 강조하는 이론이다.

셋째, 창의성을 성격 및 동기적인 측면으로 보는 성격적 특성론은 창의성을 성격과 개인적 속성으로 보는 이론이다.

넷째, 창의성의 다면적 특성을 강조하며 창의성의 발현이 동기, 인성, 인지능력, 환경 등의 복합적인 요소들에 의해 이루어진다고 보는 통합적 접근이다(Amabile, 1983).

여기서는 관점에 따라 다양한 성격에 대한 견해를 크게 지적 특성론, 문제해결과정론, 성격특성론, 통합적 접근법으로 구분해 살펴보고자 한다.

1) 인지적특성론

창의성을 인지적인 측면에서 보며 창의성이 사고능력과 지식에 근거한다고 본다. Guilford(1967)가 지능구조모형(Structure of Intellect Model: SI모형)에서 사고를 수렴적 사고와 확산적 사고를 분류하며 확산적 사고가 창의성과 밀접한 관련이 있다고 하여 확산적 사고를 통해 사람들의 창의성을 이해하려고 하였다. 확산적 사고는 주어진 문제를 해결하기 위해 여러 가지 대안들을 분석·평가하여 최종적으로 가장 알맞은 해결책을 선택해 가는 사고방식인 수렴적 사고와 반대로 사고의 제한 없이 완전히 자유롭게 예상외의 결과를 가져올 수 있는 사고라고 보았다.

또한 창의성을 지능의 한 측면, 사고 유형, 사고전략의 하나로 보았으며 지능구조모형에서 정신능력을 조작, 내용, 산출의 세 가지 차원으로 구분하고 이중 조작의 영역에 있는 확산적 사고와 관련이 있는 지적인 능력이라고 보고 6개의 하위 요인으로 나누었다. 민감성(sensibility)은 주변환경에서 어떤 문제를 지각하는 능력을 의미하며, 가능한 한 많은 양의 아이디어를 산출하는 능력인 유창성(fluency), 가능한 한 다양한 범주의 아이디어를 산출하는 능력인 융통성(flexibility), 참신하고 독특한 아이디어를 산출하는 능력인 독창성(originality), 다듬어지지 않은 기존의 아이디어를 보다 세밀하고 치밀한 것으로 발전시키는 능력인 정교성(elabolation), 기존의 일반적인 생각이나 산물을 다른 목적이나 관점에서 재구성한 능력인 재구성력(reorganization)으로 세분화하여 제시했다.

그러나 이후 다른 연구에서는 창의성의 발현을 위해서는 수렴적 사고와 확산적 사고가 상호 보완적으로 이루어져야 한다(Cropley, 1999)고 보는 견해도 있으며, 문제를 확인하고 정의하는 능력이 창의적 수행에 중요한 영향을 미친다(Weisberg, 1999)고 보았다.

2) 문제해결과정론

문제해결과정론은 사람, 환경, 과정, 산출물 간의 역동적인 상호작용과 맥락을 고려하여 생태학적인 상호작용 접근을 강조했다. 대표적인 학자인 Wallas(1926)는 창의적 사고단계를 문제로 지각하고 자료를 수집하는 준비단계, 항상 마음속에 품고 생각하는 부화단계, 순간적으로 떠오르는 영감, 통찰, 완성의 조명단계, 영감을 구체화하여 표현하는 검증단계로 나누어 설명하였다.

Gardner(1999)는 창의적인 사람이란 독창적이고 유용하게 주어진 문제 상황을 해결하고 만들어내는 사람이라고 정의하였으며, Fds1(2010)은 창의적인 활동 과정 또는 산출물 여부를 판단하는 데 있어서 여러 가지 관점이 있을 수 있으나 대체로 독창성과 유용성을 중요한 준거로 삼는다고 하였다. 즉 독창성과 유용성을 중심으로 개인이나 집단 구성원의 활동과 관련하여 창의성이 발현되는 과정에 주목하는 관점과 일련의 활동 결과로 얻어지는 산출물에 주목하는 관점이라 볼 수 있다.

3) 성격적특성론

창의성을 지적인 측면이 아닌 정의적 측면에서 개념화하는 입장으로 창의성을 태도나 성격적 특성으로 보는 시각으로 정신분석학적 측면, 인본주의적 측면, 개인적 속성 측면으로 나눈다.

정신분석학적 측면에서 Freud는 창의성을 무의식적이고 억압된 갈등을 해소하는 과정에서 나타나는 공상으로 보았으며, 인본주의적 입장에서는(Fromm, 1959) 모든 인간은 자아실현을 통해 이룰 수 있는 잠재적인 창의성을 가지며, 자아실현을 통해 삶을 의의 있게 만들며 창의적인 사람이 될 수 있다고 주장한다. 또한 개인적 속성 측면(Macknon, 1976)에서는 개인의 능력과 성격특성 등을 중시한다.

Barron와 Gough 그리고 Amabile 등은 창의적인 사람들을 대상으로 한 연구에서 창의성은 판단의 독립성, 자신감, 복잡한 것에 대한 선호, 심리적 지향성 및 모험 감수하기 등의 성격 특성이 창의성과 잠재적으로 관련이 있다고 보았다(조연순 · 성진숙 · 이혜주, 2008). 또한 인내심, 끈기, 개방성, 위험을 감수하고자 하는 것과 자신에 대한 확신과 믿음의 용기 등 다섯 가지를 창의적인 성격 특성으로 보았다(Sternberg & Lubart, 1996). 그러나 창의적인 성격은 없다고 주장한 학자들도 있다.

4) 통합적접근법

통합적접근법은 창의성을 단일차원이 아닌 복합적이고 다면적인 차원에서 여러 가지 요소들을 수렴해야 된다고 보는 입장이다. 즉, 창의성은 개인의 내적인 요인과 외적인 조건을 모두 통합한 형태로 인지적, 인성적, 환경적인 요인들이 상호작용하여 통합적으로 발현된다고 가정한다.

Amabile(1983)은 창의성 구성요소 모델을 통해 창의성을 과제 관련 동기(Task Motivation), 영역 관련 기술(Domain-RelevantSkills), 그리고 창의성 관련 기술(Creativity-RelevantSkills)의 상호작용으로 형성된 것이라고 하였다. 과제 관련 동기는 과제에 대한 태도, 과제를 시작함에 있어서 자신의 동기에 대한 지각, 과제에 대한 초기 수준의 내적 동기, 외적 제약을 심리적으로 최소화하는 능력을 말한다. 영역 관련 기술은 창의성을 발현할 때에 필요한 기본적인 지식을 의미하며, 창의성 관련 기술은 복잡함에 대처하는 자신의 심적인 틀을 깨는 인지스타일, 집중적인 노력과 문제를 일단 접어두는 능력 및 높은 에너지로 대변되는 작업스타일, 새로운 아이디어 산출하는 방법에 대한 발견법적 지식으로 명시적 및 암묵적 지식까지도 포함하는 다소 포괄적인 개념이다.

창의성의 발현은 개인, 분야, 영역 이 세 가지 체계들의 유기적 관계가 최적화될 때 이루어진다고 보며, 각 체계가 서로 상호작용하여 단일방향뿐만 아니라 서로 양방향으로 영향을 줄 수 있다.

또한 Csikszentmihaly(1988)는 기존의 창의성 연구들이 창의성을 개인이나 산물에만 존재하는 것으로 간주하는 것을 비판하면서 개인과 산물, 그리고 그들이 처한 환경 및 역사적 배경 등 사회문화적인 요인들을 종합적으로 고려해 개인(individual)과 분야(field), 그리고 영역(domain)의 상호작용을 강조하는 체계모델(systems model)을 제시하였다. 이후 1994년 Gardner, Feldman과 함께 모델을 정교화시켰다. 이 모델은 최근 창의성 연구에서 중요한 틀로 자리를 잡고 있다(Gardner, 1993). 여기에서 개인(individual)은 새로운 아이디어를 산출해내는 역할을 하고 영역에서 사용되는 지식과 규칙을 가지고 새로운 규칙, 더 나아가서는 새로운 영역까지 창조해내는 역할을 한다. 분야(field)는 영역의 유지·발전을 위해서 새로운 아이디어나 산출물을 심사하는 수문장과 같은 역할을 하는 모든 사람을 일컫는다. 영역(domain)은 분야에서 평가 선발된 상징적 규칙이나 절차, 지식의 집합체를 의미한다. 창의성의 발현은 개인, 분야, 영역 이 세 가지 체계들의 유기적 관계가 최저화될 때 이루이진다.

2. 창의성의 구성요소

창의성의 개념이 시대의 흐름 및 바라보는 관점에 따라 조금씩 다르듯이 창의성의 구성요소도 개념과 마찬가지로 학자마다 다양하게 강조하고 있다.

Guilford(1967)는 창의성을 새롭고 신기한 것을 낳는 힘이며 새로운 사고를 생산해 내는 것이라 정의하며 창의성이 사고의 기능 중 확산적 사고와 관련이 있다고 보고 창의성 구성요인으로 민감성, 유창성, 융통성, 독창성, 정교성, 재구성력을 제시했다. Torrance(1970)는 창의성을 새롭고 독특한 아이디어, 다른 관점, 문제를 새로운 시각으로 보는 것이라고 정의하며 창의성의 구성요인을 유창성, 융통성, 독창성, 상상력, 정교성으로 나누었다. 또한 우리나라에서 유아종합창의성검사 K-CCTYC를 개발한 전경원(2000)은 창의성의 구성요인을 개방성, 민감성, 상상력, 유창성, 융통성, 독창성, 정교성으로 나누었다.

본 장에서는 창의성의 구성요소를 사고의 특성으로 보는 인지적 측면과 사고의 성향을 개인의 성격특성으로 보는 정의적 측면으로 구분하여 제시하고자 한다.

1) 인지적 측면

(1) 유창성

창의성 요인의 가장 기본으로서 특정한 상황에서 가능한 한 많은 양의 아이디어나 해결책을 산출해 내는 능력을 말하며, 아이디어의 풍부함과 관련된 양적인 능력을 의미한다. 즉, 짧은 시간 안에 많은 양의 아이디어를 떠올릴 수 있고, 신속하며 자유롭게 사고하는 능력이라 할 수 있다. 유창성은 창의적 사고의 초기단계에서 필요한 기능으로 아이디어나 해결책을 많이 낼수록 독창적인 아이디어나 만족스러운 결과를 가지고 올 가능성이 높아진다.

(2) 융통성

융통성은 새로운 상황에 빠르게 적응하거나 사고를 빠르게 전환시키며, 새로운 각도에서 다양한 해결책을 생각해 내는 능력을 말한다. 기존의 고정된 사고에서 벗어나 좀 더 다양한 관점으로 상황을 판단하고 사고하는 것이 특징이다. 즉, 융통성은 고정적인 관점이나 시각-사고방식의 틀을 깨고 변화시켜 다양하고 광범위한 아이디어나 해결책을 만들어내는 능력이라 할 수 있다. 다양한 아이디어를 산출하는 유창성 사고의 연장이라고 볼 수 있다.

(3) 독창성

독창성은 독특하고 새로운 이이디이를 산출해 내는 능력을 말한다. 기존의 아이디어나 해결책이 아닌 고정적인 관점이나 시각 · 사고방식의 틀을 깨고 변화시켜 다양하고 광범위한 아이디어나 해결책을 찾으므로 창의적 사고의 최고 수준이라 볼 수 있다. 창의적 사고의 궁극적인 목적으로 다른 요인들이 잘 개발되면 독창성을 발휘할 수 있다.

(4) 정교성

정교성은 기존의 아이디어에 흥미롭고 유용한 세부사항을 추가하여 보다 가치로운 것으로 발전시키는 능력이다. 정교성은 애매모호함을 좀 더 구체적으로, 자세하고 명확히 하는 과정에서 다듬어지고 새로운 아이디어들이 더해지며 새로운 지식이 창출한다. 정교성은 여러 가지 아이디어나 해결책을 자세하고 세밀하게 표현하는 능력으로 독창성과 더불어 창의성의 마지막 단계에서 발휘된다.

2) 정의적 측면

(1) 민감성

민감성은 주변 환경에서 오감을 통해 들어오는 다양한 정보들에 대해 민감한 관심을 보이고 이를 통해 새로운 탐색 영역을 확장해 나가는 능력이다. 지각력을 넓히려는 성향이나 태도로 평소 사물이나 상황을 호기심을 가지고 대하고 의문점에 대해 끊임없이 질문하는 태도에서 민감성은 길러지며 이러한 민감성은 새로운 발견의 기초가 된다.

(2) 인내심

인내심은 문제 상황에 직면했을 때 문제를 쉽게 포기하거나 회피하지 않고 끝까지 참고 견디면서 해결과정을 수행하는 능력을 말한다. 이는 어려운 문제 상황에서 포기하지 않고 끝까지 해내는 과정에서 새로운 창의적 사고를 이끌어 창의적 발견을 할 수 있게 한다.

(3) 개방성

개방성은 자신의 경험을 제한적으로 갖지 않고 모든 가능성을 수용하려는 성향이나 태도를 말한다. 열린 사고와 마음으로 새로운 것을 거부감 없이 받아들이는 능력이다. 인지적 측면인 융통성과 관련이 높다. 즉, 개방성이 높으면 융통성이 잘 발휘된다고 볼 수 있다.

(4) 모험심

모험심은 새로운 상황을 접했을 때 두려워하지 않고 도전의식을 갖고 적극적으로 정진하는 성향이나 태도를 말한다. 모험심이 높으면 새로운 것에 대한 도전의식이 높고 새로운 아이디어를 창출하는 능력이 뛰어나다.

(5) 창의적 문제해결력

창의적 문제해결력은 기존의 학습된 지식에서 문제해결의 과정을 이끄는 것이 아닌 자신만의 방식으로 문제해결의 과정을 이끈다. 창의적 문제해결을 위해서는 문제를 이해하고 문제를 해결하기 위해 아이디어를 창출하며, 문제해결을 실행하기 위한 계획을 수립해야 한다.

3. 코칭의 역사와 철학

1) 코칭의 역사

코치라는 말이 등장한 것은 1500년대로, 마차라는 말에서 유래하였으며 '중요한 사람을 그 사람이 목표하는 곳까지 인도한다.'라는 의미를 가진다. 1840년대에는 영국 옥스퍼드대학(Oxford University)에서 학생의 수험지도를 하는 개인교사의 일을 코치라고 부르게 되었고, 스포츠 분야에서는 1880년대에 지도자를 코치라 불렀다.

현대시대의 코치는 스포츠 지도자를 말하는 경우가 일반적이지만, 스포츠 세계에서 코치라는 말이 사용되기 시작한 것은 1880년 보트경기의 지도자를 "코치"라는 명칭을 사용하기 시작하면서부터이다.

이후, 스포츠의 세계와 매니지먼트 세계에도 코치라는 말이 이용되는 분야가 확대되었고 1990년대에 미국에 코치양성기관이 설립됨에 따라 코치역할의 의미나 가치가 세계적으로 널리 확산되고 인식되게 되었다.

스포츠에서 코칭의 개념은 보통 '코치가 주체가 되어 선수들에게 해당 스포츠에 필요한 체력, 기술, 전술 등을 지도하면서 인격의 상호교류를 갖는 가르침의 형태' 혹은 '선수가 운동에 참가하는 데 필요한 지식이나 체력, 기술, 전술 및 태도, 철학 등을 효과적으로 습득하도록 하기 위해 코치가 해야 할 총체적인 행위'를 의미한다. 스포츠에서 코칭은 선수와 팀의 '경기력 향상'과 '경기력 최대 발휘'이다.

1950년대에는 매니지먼트 분야에서 "코치"라는 말이 사용되기 시작했다. 당시 하버드 대학의 조교수였던 마이루즈 메이스가 『The Growth and Development of Executives』(1959)라는 그의 책에서 "매니지먼트의 중심은 사람이고, 사람 중심의 매니지먼트 가운데 코칭이 중요한 스킬이다"라고 기술하고 있다.

1970년대 미국 기업 내의 의사소통은 상의하달(上意下達) 방식으로 진행되었다. 최고 경영자와 임원들은 결정을 하고, 실무자는 실행하며, 중간 관리자들은 실행을 지켜보았다. 하지만 1980년대 접어들어 위계질서보다는 조직원들의 자발성과 창의성이 기업을 번창시키는 데 더 핵심적인 요소로 작용하게 되었다. 이런 변화에 따라 '부하직원의 육성'은 기업의 관리자에게 꼭 필요한 직무요건 중의 하나로 자리 잡게 되어, 기업들은 코칭을 도입하기 시작하였고, 전문적인 비즈니스코칭이 탄생되었다. 이에 유능한 상사는 부하직원의 잠재력을 실현시켜 줄 코치가 되는 것에 관심을 갖게 되었다.

현재의 코칭은 1980년대 Tomas Leornard가 재무 컨설팅을 하면서 아무것도 부족한 것이 없어 보이는 사람들에게도 도움이 필요하다는 것을 깨닫게 되었고 이후 이러한 일을 하는 사람을 코치라 부르게 되었다.

또한, 1980년대에 들어와서는 코칭에 관련한 출판물이 간행되었다. 1985년 Tom Peters(1985)가 쓴 『A Passion for Excellence』나 Dennis Kinlaw(1989)기 쓴 『Coaching for Commitment』 같은 코칭에 관한 출판물이 간행되기 시작했다. 또 1987년에는 미국을 대표하는 스포츠 코치들을 중심으로 매니지먼트 세미나가 개최되어 코칭의 테크놀로지에 대해 논의하였다.

1990년대 후반에는 미국에서 코치를 육성하는 기관 Coach University가 탄생하여 코치의 육성 프로그램을 제공하였고, 1996년 11월에는 비영리단체인 국제코치연맹(International Coach Federation: ICF)이 코치의 질을 유지하기 위한 목적으로 설립되어 그 활동을 세계로 확대하고 있다. 2001년 동일한 프로그램이 처음으로 ICF에서 인증코치 트레이닝 프로그램(Accredited Coach Training Program)이 되었다.

2003년에는 국제코치연맹(International Coach Federation: ICF) Korea Chapter가 결성되었고, 2003년 (사)코치협회가 발족되었으며, 2006년도에 한국코칭학회가 창립됐다.

우리나라에서 코칭이라는 단어가 쓰이기 시작한 것은 2000년대 초반이다. 기업의 경쟁력이 사람에 의해 좌우되는 오늘날 코칭은 핵심인재 육성에 가장 효과적인 방법으로 각광받고 있고, 학교나 비영리재단에서도 인재를 육성하는 하나의 방법으로 사용하고 있다.

도미향 외(2010)[1]의 연구에 따르면 코칭관련 연구도 크게 늘어나고 있음을 알 수 있다. 국내 학위논문이 2000~2004년에 4편, 2005~2010년은 35편, 학술지는 2000~2004년은 16편, 2005년 이후는 34건으로 모두 89편이 검색되었는데, 코칭논문의 상당수는 스포츠 분야에서 코치와 코칭에 관한 논문들이 주를 이루고 있지만 코칭이 기업의 영역을 넘어 모든 인간관계로 확산되고 있다고 보고한다. 코칭연구가 더욱 활발하게 이루어질 수 있었던 것은 한국코칭학회에서 「코칭연구」 학술

2) 도미향 · 정미현(2010)의 연구에서 2010년 2월까지 국회도서관 자료 검색 사이트에서 발표된 코칭 관련 연구를 검색하여 수집한 결과임.

지를 연 2회 발간함으로써 코칭연구가 더욱 활발하게 이루어지는 데 기여했다고 볼 수 있다.

최근에는 대학과 대학원에 코칭관련학과가 신설되기 시작했다. 산업과 학계가 함께 커감에 따라 전문코치로 소개하거나 코칭을 강의하는 사람들이 늘어났고 정부가 공식적으로 코치를 하나의 직업으로 언급했다. 대표적으로 정부는 2014년에 신생 및 이색직업 발간사업의 일환으로 신 직업 44선을 선정했는데 라이프코치가 소개됐다. 고용노동부 산하 한국고용정보원에서 발간하는 직업 진로정보서에도 신생직업으로 라이프코치가 소개됐다.

2) 코칭의 철학

코칭은 무한한 인간의 가능성을 믿고 자기 스스로 더 나은 발전을 실현할 수 있도록 격려하고 지지하는 것을 추구한다. 즉, 코칭이란 한 개인에게 있는 잠재 능력을 이끌어 내어 그 사람의 현 상태에서 원하는 상태에 스스로 도달할 수 있도록 지지하고 격려하는 과정이다. Gary(2004)에 의하면 코칭은 사람들이 자신감을 가지고 자기 자신의 비전을 키우며 잠재력을 발휘하도록 돕고 스스로의 기술을 증진시키며 목표를 이루기 위해 실제적인 조치를 취하도록 돕는다. 인간이 능력을 최대한 발휘하여 자아실현을 하도록 돕는 과정이다.

이러한 코칭에는 기본적인 세 가지 철학이 있다.

철학은 어떤 것에 대한 근본원리이자 본질이듯 코칭에서도 코칭철학은 코칭의 뿌리이자 본질이다. 코칭철학은 코칭을 코칭답게 만든다. 코칭철학은 고객을 어떻게 바라보는가에 대한 인간에 대한 관점, 사고방식, 특정한 가정, 즉 인간관이다. 코칭의 힘은 코칭의 기반이 되는 코칭의 철학에서 출발한다.

- 모든 사람에게는 무한한 가능성이 있다.
- 그 사람에게 필요한 해답은 모두 그 사람 내부에 있다.
- 해답을 찾기 위해서는 파트너가 필요하다.

출처: 에노모토 히데다케[2](2003). 코칭의 기술.

첫째, 코칭은 변화를 추구한다. Kimsey-House, H., K., Sandahl, P., 그리고 Whitworth, L.(2018)은 코칭의 고객이 꿈을 실현하고 그들의 가치관에 따라 중요한 목표들을 달성할 수 있도록 돕는 과정이라고 한다. 이러하듯 고객은 자신의 현재 상태에서 이루고 싶은 상태로의 변화를 원할 때 전문코치에게 코칭을 의뢰한다. 전문코치는 이 변화의 과정을 고객과 함께한다. 이러한 변화의 과정 속에서 인간의 자아실현의 욕구, 잠재력 가능성을 이끌어 내고자 할 때 코치가 고객을 바라보는 특정한 관점이 있다. 코치는 고객을 본질적으로 창의적이고 내적자원이 풍부하며 무한한 잠재적 가능성이 있는 전인적인 존재라고 본다. 잠재적 가능성이란 말에는 인간의 내면에는 드러난 능력보다 감추어진 능력이 더 많이 있다는 의미가 포함된다. 마치 Freud의

---

3) 에노모토 히데다케는 일본 히도츠바시대학교 법학부를 졸업(1988)하고, 1994년에 미국에서 조직 개발 및 변혁론 석사(1997) 이후 '보람 있는 조직관', '코칭(coaching)'을 연구하여 외국인으로서는 처음으로 CPPC(Certified Personal & Professional Coach) 자격을 취득했다.

빙산의 일각의 모습과도 같이 우리 인간의 내면은 보이는 부분보다 보이지 않는 측면이 더 많이 존재하는 것이다. 이러한 믿음, 즉 코치가 고객을 그런 능력이 있는 존재라고 강력하게 믿으며 그 믿음을 바탕으로 코칭할 때 고객의 잠재적 가능성이 발현된다.

둘째, 코치는 고객을 자신의 삶과 일의 전문가로 존중하며, 그 변화를 위한 가장 적절한 해답을 고객 자신의 내면에 이미 가진 존재로 본다. 코칭적 관점에서 고객은 이미 있는 그대로의 온전히 괜찮은 존재이며. 가치로운 존재이며, 본인이 고민하고 있는 문제의 답을 이미 본인이 가지고 있는 존재이다. 그러나 고객이 그것을 모를 뿐이다. 코치는 고객이 본인 속에 가지고 있는 문제에 대한 답을 스스로 바라보고 찾아갈 수 있도록 도울 뿐이며 코치의 지식이나 코치의 견해나 입장에서 생각되는 답을 결코 제시하지 않는다.

셋째, 그러므로 고객의 변화는 온전히 고객에게 달려 있고 코치는 그 변화를 위한 고객 내면의 해답을 고객 스스로 발견할 수 있도록 돕는 고객의 파트너로 존재한다. 따라서 명령, 지시, 가르침 등의 상하 소통이 아니라 인정, 경청 등의 수평적 소통 및 질문 등의 적극적 이끌어냄이 소통의 화두가 된다.

이러한 철학적 관점은 코치의 모든 행동의 근간이 되며 티칭, 멘토링, 상담, 심리치료 등 다른 유사 분야로부터 차별성을 갖게 하는 본질적 핵심이다.

활동 2-1 **내 삶의 의미와 철학**

지금까지의 당신의 삶을 깊이 들여다보고 당신 삶의 의미와 당신의 삶을 이끈 철학을 적어 보세요(좌우명도 좋습니다).

4. 코칭의 기초이론

코칭에 대한 학계의 통일된 정의는 없지만 경영학(조직행동론 또는 조직심리학) 차원에서 연구된 코칭에 대한 정의는 Stowell(1986)에 의하여 조작적인 정의로 제시되었다. 그에 의하면 코칭은 리더가 토의나 대화로 개입 혹은 중재하는 것인데, 이것은 구체적인 기능이나 행동을 포함하는 프로세스이다. Whitmore(2002)는 코칭은 구성원이 일에 대한 동기 부여가 되어 몰입할 수 있도록 돕는다고 하였으며, Zeus와 Skiffington(2002)은 자기인식 개념은 자신의 강점과 제한점, 그리고 경향을 인지하는 능력이며 성공적 코칭의 조건이 된다. 이러한 자기인식은 개인의 성장을 위해 자신에 대한 정보를 사용하는 자기이해를 높여 준다고 하였다. Whitworth(2005)는 상호 협력 코칭은 고객의 생활 전반을 두루 검토한다. 즉, 고객의 삶의 실현(fulfillment), 균형(balance), 과정(process)에 깊은 관심을 기울이는 것이며 파트너와 함께 고객 스스로 주도적으로 삶의 과제를 해결하는 과정이라고 할 수 있다.

코칭에 대한 연구는 크게 늘어나고 있으나 아직 학문으로 바라보는 시각은 낯설다. 그러나 코칭학문을 실용학문으로서 다루는 학과와 대학원뿐만 아니라 한국코칭학회, 한국코칭심리학회 등 코칭관련 학회들이 설립되고 코칭과 관련된 많은 연구들이 이어지면서 이제는 하나의 학문으로 자리를 잡아가는 추세를 보여준다.

코칭을 이해를 돕는 기초 이론으로서 인지적 부조화이론, 구성주의

이론, 통제이론, 자기결정이론 등이 코칭의 핵심이론과 어떤 연관성이 있는지 살펴보면 다음과 같다(도미향 외, 2006).

1) 인지적 부조화이론(theory of cognitive dissonance)

인지부조화란 1957년 미국의 심리학자 Leon Festinger가 주장한 개념으로서 인간이 어떤 목적을 이루기 위해 최선을 다했지만 그 결과가 신통치 않을 경우 우리 개인은 그 상황에 대해 합리화하려고 하는데 이러한 심리를 그는 인지부조화상태라고 규정했다. 즉, 인지부조화란 개인의 신념 간 혹은 신념과 실제와의 불일치나 비일관성을 말한다.

인간은 자신의 태도와 신념, 의견에서 일관성을 추구하기 마련이다. 일관성이 없을 때 변화를 필요로 한다.

코칭프로세스는 개인적인 목표에 집중하고 목표달성에 일관적인 에너지를 쏟음으로써 신념과 태도, 행동 간 일관성을 유지할 수 있도록 돕는다. 또한 코칭프로세스는 자신의 목표를 집중하고 잘못된 판이나 태도를 바꾸어 부조화를 줄여 나가도록 돕는다.

2) 구성주의이론(theory of constructivism)

구성주의는 학습자들이 자신이 처한 맥락에서 능동적인 경험을 통해 자신에게 적합한 지식을 구성해 나간다는 점을 강조한다. 구성주의 입장에서 학습은 지식의 단순한 획득이나 재생산이 아니라 학습자의 능동적인 구성적 과정인 것이다. 주어진 상황에서의 개인적인 주관적 경험과 더불어 사회적 상호작용을 통한 스스로 학습, 자발적 구성이 곧 학습이다.

코칭은 이러한 점에서 구성주의와 일맥상통한다. 코치는 고객이 전체(목표와 비전)를 중심으로 부분(세부사항)을 조직화할 수 있도록 도우며 고객 본인 스스로 설정한 목표를 지속적으로 일깨우는 방향으로 코칭을 진행하고, 코치 자신의 세계관을 버리고 고객의 세계관을 바탕으로 코칭을 진행한다. 전체 코칭프로세스는 고객이 스스로 해답을 찾아 의미를 부여하는 과정을 중심으로 조직된다.

구성주의에서 교사는 학생들이 학습자료를 잘 다룰 수 있도록 도우며 학습환경을 조성하고, 안내자, 조력자로서의 역할을 한다. 교사가 목표를 설정하고 이를 획일적으로 달성하는 것이 아니라 학습자 스스로가 묻고 추론하며 스키마(개념)를 형성해간다. 추론, 반성적 사고, 비판적 사고, 문제해결, 개념획득 등이 구성주의의 목표가 되듯 코칭은 고객이 목표를 설정하고 그 목표를 향하여 문제해결을 이루어간다.

또한, 코칭은 프로세스 안에서 코치와 고객의 상호작용으로 이루어진다. 프로세스란 코칭학회의 Active 대화모델 같은 코칭 대화의 체계적 대화모델을 일컫는다. 코칭은 이 프로세스를 통해 시행착오를 넘어 고객의 목표를 향하여 나아가는 목표지향적 프로세스다.

3) 통제이론(control theory)

가장 많이 알려져 있는 통제이론가인 Hirschi는 개인의 신념, 믿음, 열망, 애착, 참여 등 사회적 유대가 클수록 학생들의 비행 비율이 더 낮다는 것을 발견했다.[3] 즉, 사회통제는 개인과 사회 간에 형성된 결속을 통해 이루어진다는 것이다. Hirschi의 사회통제이론은 내적통제와 외적통제로 구분되는데 애착, 헌신, 참여는 상벌을 통한 통제인 외적통제로 분류되고 신념은 양심을 통한 통제인 내적통제로 분류된다.

① 애착(attachment) : 부모, 또래, 교사 등과의 정서적 관계 정도로서 가치와 규범의 내면화에 필요한 기본 요소
② 헌신(commitment) : 사회적 보상이 높은 목표를 향하여 끈기 있게 집착할 수 있도록 만드는 동기, 열망
③ 참여(involvement) : 학업에 몰두하는 등 활동에 투입하는 시간의 양
④ 신념(belief) : 사회적 규칙과 가치를 자신의 것으로 수용하는 믿음

통제이론에서 내적통제인 신념은 인간의 행동을 통제한다. 이런 차원에서 대비해 보면 코칭에서 고객의 행동은 외부자극이 아닌 주어진 시점에서 고객이 무엇을 가장 원하는가에 의해 촉발된다고 본다. 즉, 코칭은 고객이 무엇을 원하는가를 중심으로 이루어져야 한다고 보는 것이다.

코칭에서는 목표 설정이 코칭프로세스를 설명하는 대표적인 특징이다. Grant, A. M.(2013)은 목표에 초점을 맞추는 것이 코칭을 성공으로 이끄는 열쇠라고 말한다. 고객에게 있어 달성해야 할 중요한 목표가 무엇인지를 찾는 작업이야말로 가장 중요한 작업이 된다는 것이다.

---

3) George B. Vold, Thomas J. Bernard, & Jeffrey B. Snipes (1969). Hirsch's social control theory.

코칭프로세스에서 코치와 고객의 코칭 기간과 빈도는 물론 어느 정도 코칭의 형식까지도 고객과 협의, 결정할 때 코칭 효과는 극대화된다. 과하다고 할 수 있겠지만 코칭은 고객에게 권한을 부여하는 적극적인 프로세스이다.

4) 자기결정이론(self determination theory)

자기결정이론은 Edward Deci와 Richard Ryan이 1975년 개인들이 어떤 활동을 내재적인 이유와 외재적인 이유에 의해 참여하게 되었을 때 발생하는 결과는 전혀 다른 결과가 나타남을 바탕으로 수립한 이론이다.

자기결정이론은 개인의 행동은 스스로 동기부여되고 스스로 결정된다는 것에 초점을 둔다. 이 이론은 인간의 행동의 원천이 내면인가 아니면 외부인가에 관심을 가진다. 인간의 동기가 개인 스스로 흥미나 호기심 등 완전히 내적통제되었을 때 가장 높으며, 강제나 강요 등 외적통제에 의해 행동하게 되었을 때 제일 낮다는 명제를 기반으로 한다.

자기결정이론에서 사람들은 생존을 위한 기본적인 삶의 생리적 욕구와 마찬가지로 생존을 위해 필요한 심리적 욕구를 가지고 있다. 인간의 기본적이고 보편적인 심리적 욕구 세 가지는 자율성(autonomy), 유능성(competence), 관계성(relatedness)이다.

(1) 자율성

자기결정이론에서는 자율성은 내적인 것이며 개인의 의지와 선택이 반영되는 것으로 본다. 자율성의 반대개념은 의존이라기보다는 타율성이 적절하다. 자율성은 외부환경으로부터 압박 혹은 강요받지 않으며 개인의 선택을 통해 자신의 행동이나 조절을 할 수 있는 상태에서 자신들이 추구하는 것이 무엇인지에 대해 개인이 자유롭게 선택할 수 있는 감정이며 본인의 선택으로 자신의 행동이나 향후 계획을 결정하는 감정을 의미한다.

(2) 유능성

사람은 누구나 자신이 능력 있는 존재이기를 원하고 기회가 있을 때마다 자신의 능력을 향상시키기를 원한다. 이러한 유능성에 대한 욕구는 개인 혼자서는 획득하기는 어려우며 사회적 환경과 서로 상호작용할 기회가 주어질 때 충족된다고 볼 수 있다. 유능함을 표현하기 위해서는 사회와의 상호작용이 필요하기 때문에 타인 혹은 집단과의 상호 작용이 필요하며 긍정적인 피드백과 자율성의 지지는 개인이 받는 유능성의 욕구를 충족시키며 결과적으로 내재 동기를 증진시키는 효과를 가져온다.

(3) 관계성

관계성 욕구는 타인과 안정적 교제나 관계에서의 조화를 이루는 것에서 느끼는 안정성을 의미한다. 관계성 욕구는 타인에게 무언가를 얻거나 사회적인 지위 등을 획득하기 위한 것이 아니며 그 관계에서 나타나는 안정성 그 자체를 지각하는 것이다. 관계성에 대한 욕구 충족은 유능성이나 자율성 욕구 충족에 비해 외적 요인에 해당한다. 그러나 타인과의 관계성을 유지하고자 하는 욕구는 개인 간 활동에서 내재동기를 유지하게 하는 데 중요하다.

코칭은 고객 스스로의 요구사항을 중심으로 진행된다. 고객이 스스로 자발적이고도 자율적으로 목표를 수립하고 코치와 더불어 함께 코칭프로세스에 적극적으로 참여하며 코치와의 상호적 관계 속에서 성장하고 발전한다. 코칭 과정을 거치면서 코치는 고객의 문제해결을 위한 노력을 칭찬하고 격려하며, 스스로 답을 찾고 문제해결을 해 나가는 이러한 코칭의 과정 속에서 고객은 자신 안에서 도출되는 답을 발견할 뿐만 아니라 자신의 잠재능력과 유능감을 경험한다. 코칭프로세스의 열쇠는 통찰력과 자기평가능력이다.

코칭의 과정

chapter 03

03 chapter 코칭의 과정

1. 코칭 과정의 의미

코칭의 발전과 더불어 많은 연구가 시도되었고 이에 따른 전문적인 코칭 과정에 대한 모델도 수 없이 나타나고 있다. 코치에 따라서 자기에게 맞는 코칭모델을 선택할 수 있는 시대에 와 있다. 코칭대화모델(Coaching Conversation Model)이란 코칭과 일반 대화가 구별되는 전문적인 영역이 있는 것을 말한다(이소희 외, 2014). 코칭과 다른 상담기법과의 차이를 찾으라고 한다면 바로 코칭 과정, 즉 코칭대화모델을 들 수 있다. 즉, 코칭프로세스의 구조화된 틀이다. 이는 일종의 대화프레임이며 이 프레임을 따라 프로세스대로 대화를 한다는 것이 일반대화와 가장 큰 차이점 중 하나이다. 즉, 코칭은 고객이 원하는 목표를 달성할 수 있도록 대화로 시작하여 대화로 마무리되는 과정(process)이다. 이 과정에서 효과적으로 대화할 수 있도록 하나의 구조화된 틀을 마련하여 적극적으로 사용하고 있으며 이를 코칭대화모델이라고 한다(도미향, 2016).

활동 3-1 **워라벨(Work and Life Balance)**

현재 자신이 중요하게 생각하는 것, 많은 시간을 투자하는 것, 관심 있는 것을 아래의 칸에 기록하고 만족도를 표현하세요.

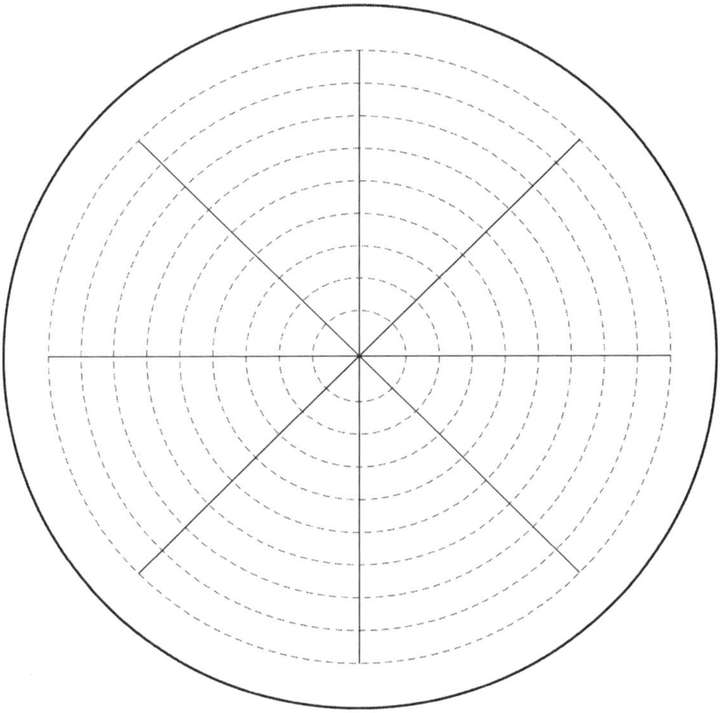

질문 1. 당신에게 워라벨은 어떤 의미입니까?

질문 2. 워라벨의 균형을 어떻게 맞추시겠습니까?

2. 코칭 과정의 모델

코칭대화모델은 일부 유명 코칭기관들은 독자적인 대화모델을 보유하고, 이를 저작권등록을 하여 사용하고 있다. 따라서 대화모델이 많이 나타난다는 것은 코칭의 발전과도 비례한다. 대표적인 코칭모델로는 Active 코칭대화모델, GROW 모델, Co-Active Coaching 모델, Coaching Conversation 모델 등이 있다(도미향, 2019).

1) ACTIVE 코칭대화모델

ACTIVE 코칭대화모델은 도미향(2014)에 의해 개발된 C-PLUS 코칭 프로그램의 대화모델이다. [C-PLUS 코칭] 프로그램은 한국코칭학회와 한국코치협회의 코치자격 취득을 위한 인증프로그램으로써 총 20시간의 교육을 실시하고 있다(도미향, 2019; 한국코칭학회, 2019).

ACTIVE 코칭대화모델에서의 A는 Adjust를 의미하며 마음 맞추기 단계를 말하며, C는 주제 세우기 단계를 말한다. T는 고객의 강점을 찾아 발견 가능성을 찾아가는 강점 높이기 단계이고, I는 고객의 강점에 따라서 그 가능성을 발전시킬 수 있도록 목표를 정하고 이에 대한 계획을 세우는 단계이다. V는 목표를 다지는 단계이며, E는 고객이 계획한 바를 실천하고 목표를 달성할 수 있도록 격려하고 지원하는 힘 북돋우기의 단계로서 6단계로 이루어지며 [그림 3-1]과 같다(도미향, 2014).

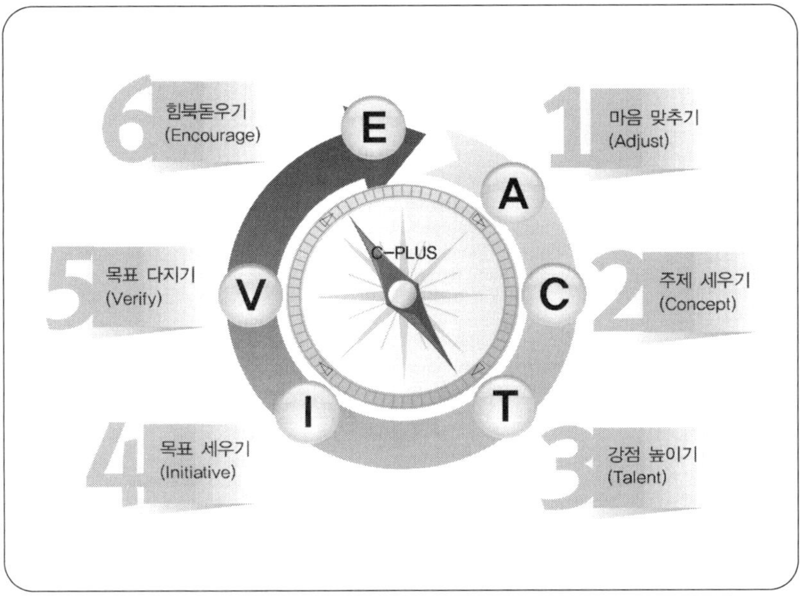

[그림 3-1] ACTIVE 코칭대화모델

C-PLUS 프로그램의 대화모델을 구성함에 있어서 ACTIVE 대화모델을 바탕으로 전문코치의 잠재력을 이끌어내고 프로그램의 효과를 극대화할 수 있다. 또한 코칭대화의 방향과 목적을 설정해 주고 목표중심의 보다 효과적인 대화가 이루어질 수 있도록 도와준다.

(1) 1단계: 마음 맞추기(adjust)

이 단계는 코치와 고객이 라포를 형성하는 단계로 서로의 마음이 통하여 하나가 되는 단계이다. 이 단계를 통해 편안하게 코칭대화로 들어갈 수 있다.

Q&A 활용할 수 있는 질문

- 오늘 어떤 이야기를 나누었는지 정리해 보시겠습니까??
- 오늘 코칭은 어떤 기대를 가지고 오셨습니까?
- 지난번 코칭을 받고 어떤 변화가 있으셨습니까?
- 그럼, 이제 코칭을 시작하겠습니다. 편하게 이야기해 주세요.

(2) 2단계: 주제 세우기(concept)

이 단계는 고객이 원하는 상태를 찾는 단계로 현재 상태에서 원하는 목표를 명료화하는 단계이다. 특히 고객의 변화하고자 하는 것에 초점을 맞추는 단계이다.

Q&A 활용할 수 있는 질문

- 오늘 코칭에서 어떤 이야기를 나누고 싶으세요?
- 그 이야기를 하시는 배경에 최근 어떤 일이 있으셨어요?
- 구체적으로 어떤 결과를 얻고 싶습니까?
- 원하는 대로 이루어진 상태는 어떤 상태입니까?
- 현재 상황과 원하는 상황을 비교해서 표현해 주시겠습니까?

(3) 3단계: 강점 높이기(talent)

고객의 내면과 경험의 탐색을 통해 강점을 찾아 변화 가능성을 찾아가는 단계이다.

Q&A 활용할 수 있는 질문

- 이 코칭 주제는 당신에게 어떤 의미이신지요?
- 그것이 당신에게 왜 중요한가요?
- 그 목표가 이루어졌을 때 느낌은 어떨까요?
- 원하는 목표 달성이 삶의 다른 측면에는 어떤 영향을 미칠 것 같습니까?
- 원하는 목표 달성을 위해 필요한 것은 무엇입니까?

(4) 4단계: 목표 세우기(initiative)

고객의 강점을 생각하며 고객의 강점의 가능성을 열 수 있도록 명확한 목표를 수립하고, 실행 계획을 세우는 단계이다.

- 목표를 성취할 수 있도록 SMART 기법을 통해 계획을 수립한다.

SMART	세 부 내 용
Specific(구체적인)	해야 하는 일을 구체적으로 설명해야 한다.
Measurable(측정 가능한)	달성했다는 것을 확인할 수 있어야 한다.
Attainable(획득 가능한)	인내를 가지고 달성할 수 있도록 합리적이어야 한다.
Realistic(현실 가능한)	현실에 맞게 변화시킬 수 있는 것이어야 한다.
Timely(시간이 가능한)	완수할 수 있는 시간을 명확히 해야 한다.

Q&A 활용할 수 있는 질문

- 목표를 이루기 위해 무엇을 해야 한다고 생각하십니까?
- 그것을 위해 지금까지 시도해 보신 것이 있으세요?
- 그 실천은 언제 하시겠습니까?
- 지금의 계획대로 한다면 어떤 결과가 나올 것 같습니까?
- 지금 여기서 해야 할 가장 중요한 것은 무엇이라고 생각하십니까?
- 목표 달성을 위한 실행계획을 구체적으로 세워 보실까요?
- 그 계획은 어떤 방법으로 실행하시겠습니까?

(5) 5단계: 목표 다지기(verify)

목표와 구체적인 계획을 실행하는 것을 이미지화 또는 구체화하여 빠진 곳이 없는지를 점검하는 단계이다.

- 필요한 자원을 파악하고, 실행하는 데 장애가 되는 요소를 파악하고 대안을 검토한다.

Q&A 활용할 수 있는 질문

- 계획을 실행하는 데 예상되는 어려움이 있다면 무엇이라고 생각하십니까?
- 문제점을 해결하기 위해 어떤 자원이 필요합니까?
- 우리가 원하는 결과를 얻으려면 당신 삶의 어느 부분이 바뀌어야 한다고 생각하십니까?
- 당신의 강점은 어떤 것이지요? 실행을 잘하기 위해 그 강점을 활용하신다면 어떻게 하실 수 있을까요?

(6) 6단계: 힘 북돋우기(encourage)

계획된 목표를 잘 실행할 수 있도록 고객을 격려하고 지지하는 것으로 코치가 지원할 수 있으며, 직접 개입할 수도 있는 단계이다.

- 실천의지를 확인하고, 고객이 오늘의 코칭을 정리함으로써 스스로 실천을 다짐할 수 있도록 한다.
- 고객이 힘을 내서 도전할 수 있도록 코치가 응원, 지지한다.

Q&A 활용할 수 있는 질문

- 오늘 코칭을 요약해 보시겠습니까?
- 오늘 코칭에서 새롭게 알게 된 것이나 느낀 점을 말씀해 주시겠습니까?
- 그 목표를 달성했다는 것을 제가(코치) 어떻게 알 수 있을까요?
- 실천하신 것을 제가(코치) 어떻게 확인할 수 있을까요?
- 고객님께서 그것을 꼭 성공적으로 이루실 것을 믿습니다.
- 코칭을 마치겠습니다. 수고 많으셨습니다.

〈표 3-1〉은 코칭대화모델을 활용한 엄마와 아들과의 코칭 사례이다(도미향, 2020).

〈표 3-1〉 코칭 대화모델을 활용한 공부하기 싫어하는 아이와의 사례

상황	아이가 약을 먹기 싫어할 때
나쁜 대화	엄마: (모바일 게임을 하고 있는 아들을 바라보며) 너 다음 주 시험 아니야? 아들: 응, 잠깐만! 이것만 하고!

	엄마: 너 아까도 그 얘기했어. 학원 숙제는 다 한 거야? 시험 준비는 하고 있고? 아들: (여전히 듣는 척 시늉만 하며 게임에만 집중하고 있다) 엄마: 야! 너 당장 내려놔! (핸드폰을 빼앗는다) 아들: 아이씨! 이번 만 하고 할 거였는데 짜증나! 엄마: 너 친구 수현이는 어제도 새벽 두시까지 공부하고 잤다던데 너는 맨날 게임만 하고 앉아 있으니 첫 시험을 어떻게 보려고 하는 건지. 시험 보고나서 후회하지 말고 당장 공부해!
코칭 대화	엄마: (모바일 게임을 하고 있는 아들을 바라보며) 너 다음 주 시험 아니니? 아들: 응, 잠깐만! 이것만 하고! 엄마: 그래! 뭐가 그렇게 재미있을까? 엄마도 궁금한데 옆에서 잠깐 봐도 되니? 아들: 네. (마지막 한 게임을 끝내고 핸드폰을 내려놓으며 엄마와 눈을 맞춘다) 엄마: 엄마가 옆에서 잠깐 보니 우리 아들 눈에서 레이저가 나오더라. 게임이 우리아들을 이렇게 집중하게 하는 이유가 뭘까? 아들: 아, 엄마 이것 봐봐. (게임조작 방법을 엄마에게 알려주며) 엄마, 엄청 쉽지? 엄마: 그렇네. 처음 하는 엄마도 할 수 있을 만큼 조작이 쉽네. 아들: 그런데 엄마. 이것 보여? 사냥, 훈련만 잘하면 레벨 업도 되고 레벨 업이 되면 무기나 옷들이 막 생겨. 그러면 내가 되게 잘하는 것 같고 성취감이 느껴져. 엄마: 그래, 아들이 잘한다니 엄마도 기쁘다. 게다가 성취감까지 느끼니 엄마도 신나네. 아들! 혹시 공부를 게임에 대입해 보면 어떤 차이가 있을까? 아들: 음, 일단 공부는 재미가 없어. 게임처럼 쉽지가 않잖아. 그리고 게임처럼 성취감도 느끼기 힘들 단 말이야. 공부는 지루하고 어렵고, 따분해~ 엄마: 그래! 당연히 게임보다 공부가 힘들고 재미가 없지. 그래도 만약 공부를 잘하게 되면 어떨까? 아들: 그야 당연히 좋지. 애들 앞에서도 기분도 좋고. 엄마: 그래! 그럼 공부할 때 게임할 때처럼 재미있게 눈에서 레이저가 나오게 하려면 어떻게 하면 좋을까? 아들: 음, 일단 쉬워야겠지? 엄마: 그래. 그러면 공부가 쉬워지려면 어떻게 하는 게 좋을까? 아들: 음, 일단 내가 좋아하고 지금 당장 잘 하는 부분부터 조금씩 해

	보면 나아지지 않을까? 엄마: 그래. 그 것 좋은 생각이다. 그럼 아까 게임은 바로바로 성취감을 맛 볼 수 있어서 좋다고 했는데 공부하면서 우리 아들이 재미나게 성취감을 느껴보려면 어떻게 해야 할까? 아들: 음, 아! 이 방법이 좋겠네. 내가 다음 주 시험 볼 때까지 계획표를 세워 보고 하나씩 끝나간 것을 표시해 보면 뿌듯하고 성취감을 느낄 수 있을 것 같아. 엄마: 와우! 맞아! 그렇네!! 좋은 생각이다. 아들이 하나한 계획대로 실천해서 뿌듯하고 성취감을 느끼면 엄마도 덩달아 기분이 좋을 것 같아. 우리 아들 파이팅! 아들: 엄마! 오늘은 엄마가 진짜 내 친한 절친 같아! 하하하.

Practice ACTIVE 코칭대화모델 집중 연습

1. 3인 1조로 한 사람은 코치 한 사람은 고객, 한 사람은 관찰자를 한다.
2. 15분 코칭하고 5분간 피드백한다.
3. 관찰자는 코치의 태도, 좋은 질문, 코칭대화모델의 활용 등을 세세히 기록하고 코치가 잘한 것과 변화하였으면 하는 것을 긍정적 언어를 활용하여 피드백한다.
4. 고객은 코치가 잘한 것과 변화하였으면 하는 것을 긍정적 언어를 활용하여 피드백한다.
5. 코치는 피드백을 종합해서 앞으로 어떻게 변화할지에 대해 이야기한다.
6. 순서를 바꿔서 진행한다.

코칭실습 후 대화모델의 효과 나누기

2) CCU 대화모델

다음은 한국코칭센터에서 실시하고 있는 '코칭클리닉' 프로그램의 CCU(Corporate Coach U) 대화모델로서 각 단계별 특징과 질문들을 살펴보면 다음과 같다(한국코칭센터, 2002).

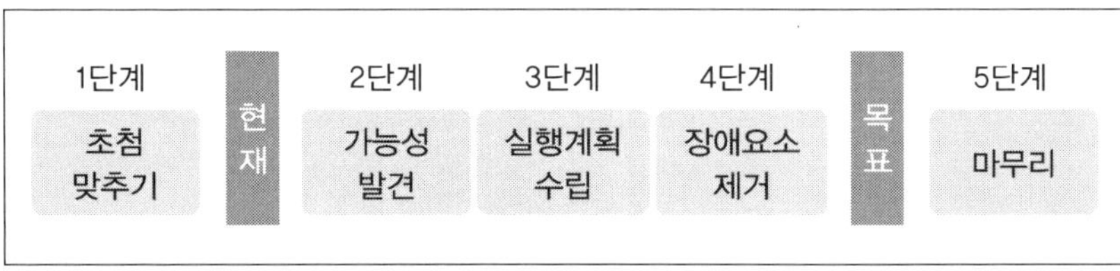

[그림 3-2] CCU 대화모델

출처: 한국코칭센터(2002).

(1) 1단계: 초점 맞추기

초점 맞추기 단계에서는 코치와 고객이 지금 대화를 나누어야 할 주제에 초점을 맞추어 대화의 목표를 명확하게 설정한다. 그러기 위해서 코칭 대화에 대해 코치와 고객이 대화를 통해서 얻고자 하는 결과가 무엇인가를 알아야 한다. 그리고 충분한 경험 나누기를 통해 현재 상황과 달성 목표와의 간격을 분명하게 안다.

■ 초점 맞추기 단계에서 활용할 수 있는 질문

- 오늘 여기에서 무엇을 이야기하고 싶습니까?
- 대화를 끝냈을 때 어떤 구체적인 성과를 얻고 싶습니까?
- 당신이 해결하고자 하는 직무상의 문제는 무엇입니까?
- 이 코칭대화에서 성과가 있다는 것을 어떻게 알 수 있습니까?

(2) 2단계: 가능성 발견

가능성 발견 단계에서는 질문을 통해 가능성들을 찾는다. 이 단계에서는 그동안 적용해 본 것 중 무엇이 효과가 있고 효과가 없었는지 확인하고 새로운 아이디어를 발견하는 것이다. 그렇게 하기 위해서 경청이 우선되어야 한다. 마음을 조용히 가라앉히고 옳고 그름을 판단하지 않고 고객의 생각을 듣는다.

■ 가능성 발견단계에서 활용할 수 있는 질문

- 어떤 일이 일어나기를 바랍니까?
- 당신이 보다 용기가 있다면 무엇을 하겠습니까?
- 지금까지 시도해 본 것은 무엇입니까?
- 다른 사람들에게는 무엇이 효과가 있었습니까?
- 이 방법은 당신의 목표와 어떻게 관련되어 있습니까?

(3) 3단계: 실행계획수립

실행계획수립 단계에서는 문제점보다는 기대하는 성과에 초점을 맞춘다. 구체적인 행동에 초점을 맞추어 세부적이고 구체적이며 실행 가능한 계획을 세운다. 또한 그 계획을 수립할 수 있는 기간이나 목표일을 정확하게 한다.

■ 실행계획수립 단계에서 활용할 수 있는 질문

- 이 일에서 정말로 중요한 것은 무엇입니까?
- 어떤 실행계획을 만들었습니까?
- 이 일을 더 작게 분할하면 도움이 되겠습니까?

- 무엇이 빠졌습니까?
- 어떤 자원이 필요합니까?

(4) 4단계: 장애요소 제거

장애요소 제거 단계에서는 현재 수립한 실행계획에 필요한 자원이 무엇인지, 혹은 직장과 개인생활에서 있을 수 있는 장애요소는 무엇인지를 찾을 수 있도록 질문한다. 또한 어려움이나 장애물을 제거하기 위해 어떻게 행동해야 하는지 인식하도록 도우며 다른 사람들의 협력, 자원의 사용, 업무 우선순위의 변경, 권한 위임 등을 통해 지원한다.

■ 장애요소 단계에서 활용할 수 있는 질문

- 어떤 사람을 인적자원으로 포함시키고 싶으십니까?
- 이 일에서 다른 사람이 할 수 있는 부분은 무엇입니까?
- 그 일을 하는데 누가 방해가 된다고 생각하십니까?
- 이것을 달성하려면 무엇이 달라져야 합니까?

(5) 5단계: 마무리

마무리 단계에서는 지금까지 알게 된 것에 대해 무엇을 알게 되었는지 고객이 정리해서 말하도록 요청하여 책임을 분명히 하고 다음 만남의 시간을 정한다. 그리고 다음 대화 때까지 수행해야 될 사항에 대한 약속을 받고 코치의 지원과 도움을 다시 한 번 강조하고 지지하며 동기부여한다.

■ 마무리 단계에서 활용할 수 있는 질문

- 오늘 무엇을 배웠습니까?
- 오늘 어떤 이야기를 나누었는지 정리해 보시겠습니까?
- 다음에 만날 때까지 무엇을 할 계획입니까?
- 마무리하면서 새로이 생각나는 것이 있습니까?
- 약속을 책임지고 이행할 수 있도록 하려면 내가(코치) 어떻게 해야 하겠습니까?

3) GRROW 대화모델

다음은 인코칭 회사에서 실시하고 있는 'Coaching for You' 프로그램의 GRROW 대화모델이다. GRROW 모델은 5단계의 코칭프로세스로 Goal(코칭 목표정하기), Reality(현실 파악하기), Recognition(핵심니즈 인식하기), Options(대안 탐색하기), Will(실천의지 확인하기)을 중심으로 하고 있다(이희경, 2005).

(1) 1단계: 코칭 목표 정하기(goal)

코칭 목표 정하기 단계에서는 코칭의 이슈를 말하게 한다. 그때 코치는 고객이 말하는 내용과 감정을 명료화할 수 있도록 도와 코칭의 방향과 목표를 명확하게 함으로써 기대성과를 명확히 한다. 이러한 과정을 통해 고객이 코칭 과정에 적극적으로 참여할 수 있도록 이끌어 줌으로써 코칭에 대해 긍정적인 기대를 갖게 한다.

■ 코칭 목표 정하기 단계에서 활용할 수 있는 질문

- 오늘 무엇을 이야기하고 싶습니까?
- 지금 말씀하신 것들 중 가장 중요한 것은 무엇입니까?
- 우리가 대화를 끝마쳤을 때 어떤 성과를 얻고 싶습니까?

(2) 2단계: 현실 파악하기(reality)

현실 파악하기 단계에서는 개선하고자 하는 목표점, 혹은 변화하고자 하는 목표점을 정확히 정의한 후에 목표와 관련된 고객의 '현실'을 구체적으로 알아봄으로써 코칭 이슈와 어떠한 연관성이 있으며 목표와 현실 간의 차이를 파악할 수 있도록 한다.

■ 현실 파악하기 단계에서 활용할 수 있는 질문

- 그런 일이 얼마나 자주 있습니까?
- 문제를 해결하기 위해 당신은 무엇을 시도해 보았습니까?
- 그것과 관련된 어려움은 무엇입니까?
- 그 결과는 어떠했습니까?

(3) 3단계: 핵심 니즈 인식하기(recognition)

핵심 니즈 인식하기 단계에서는 고객이 내놓은 코칭 이슈에 관한 고객의 감정 표현을 촉진함으로써 자신의 코칭 이슈를 둘러싼 주요 경험 및 자원들을 보다 분명히 그리고 통합적 시각으로 재인식하게 되고 핵심 욕구에 대해서도 새로운 자각이 일어나게 된다.

■ 핵심 니즈 인식하기 단계에서 활용할 수 있는 질문

- 자신에게 더 중요한 일은 무엇입니까?
- 진심으로 원하는 것은 무엇입니까?
- 그렇게 생각하는 특별한 원인이 있습니까?

(4) 4단계: 대안 탐색하기(options)

대안 탐색하기 단계에서는 구체적으로 어떤 변화된 행동을 함으로써 목표를 실현시킬 수 있을 것인가에 대한 대화를 나눈다. 이 과정을 통해 고객은 합리적이고 현실적인 대안을 발견할 수 있으며 목표달성을 위한 보다 분명한 행동지침을 갖게 된다.

■ 대안 탐색하기 단계에서 활용할 수 있는 질문

- 어떤 대안을 생각해 볼 수 있습니까?
- 이 상황에서 가장 먼저 취해야 할 행동은 무엇입니까?
- 그것을 어떤 방법으로 실행에 옮길 수 있습니까?
- 당신의 힘으로 변화시킬 수 있는 것은 무엇입니까?

(5) 5단계: 실천의지 확인하기(will)

실천의지 확인하기 단계에서는 지금까지 코칭을 통해 고객이 스스로 정하거나 찾은 대안을 행동으로 옮길 수 있도록 구체적인 행동계획을 결정할 수 있도록 돕고, 코칭 세션에서 세운 행동계획의 실천을 다짐하는 것과 코칭 세션 전체를 재정리하는 작업을 한다.

■ 실천의지 확인하기 단계에서 활용할 수 있는 질문

- 이 계획을 성공적으로 실행했다는 것을 어떻게 알 수 있습니까?
- 마무리하면서 새롭게 생각나는 것이 있다면 무엇입니까?
- 이 계획을 성공하기 위해 코치의 도움이 필요한 부분이 있습니까?

4) COACH 코칭대화모델

이소희(2008)에 의해 개발된 COACH 대화모델은 5스텝(step)으로 이루어졌다. COACH는 각 단계의 첫 글자로 구성되었고 '코치하다'의 뜻이며, 코치와 고객의 코칭대화를 원활하게 할 수 있도록 도움으로써 코칭의 목표를 달성할 수 있도록 한다. COACH 코칭대화모델은 자전거모델로 순환의 개념과 스스로 앞으로 나아가는 성장의 의미를 담고 있다. COACH 코칭대화모델은 한국영리더십센터 패밀리그룹인 한국영리더십센터, 한국부모코칭센터, 한국아동코칭센터, 비전에니어그램교육연구소에서 실시되고 있는 매일 멋진 코칭, 매일 멋진 부모코칭, 매일 멋진 교사코칭, 매직9 부모코칭, 매직9 교사코칭에서 활용되고 있다.

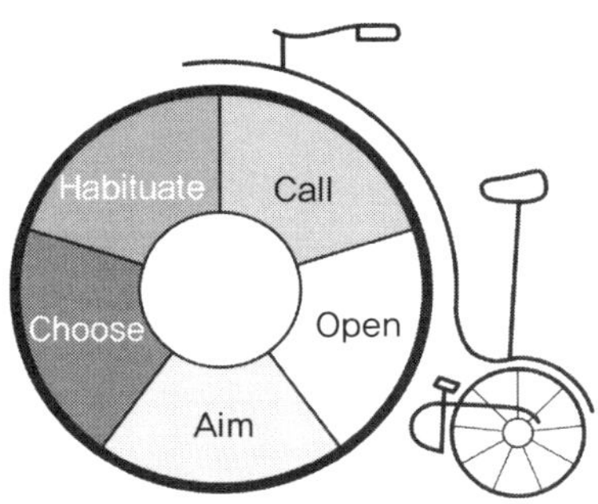

[그림 3-3] COACH 대화모델

출처: 이소희(2008).

(1) 주제정하기(call)

고객과의 충분한 라포 형성을 통하여 편안하고 신뢰감 있는 환경에서 고객이 현재 간절하게 코칭받고 싶은 주제를 말한다.

■ 주제정하기 단계에서 활용할 수 있는 질문

- 지금 코칭받고 싶은 주제는 무엇입니까?
- 변화하고 싶은 것은 무엇입니까?
- 바꾸고 싶은 것은 무엇입니까?
- 어떠한 의미가 있습니까?
- 정말 원하는 것은 무엇입니까?

(2) 가능성열기(open)

고객이 마음을 열어 미래의 변화를 받아들이고, 의미 있는 변화를 위해 발전적인 생각을 함으로써 변화의 가능성을 찾기 위해 고객이 온전히 마음과 생각을 여는 것을 말한다.

■ 가능성열기 단계에서 활용할 수 있는 질문

- 잘 하고 싶은 것은 무엇입니까?
- 모델이 되는 사람은 누구입니까?
- 잘 하기 위해 어떤 노력을 해 보았습니까?
- 다른 방법으로 했다면 어떤 결과가 났을 것 같습니까?
- 누구의 도움을 받으면 더 잘 할 수 있을 것 같습니까?

(3) 목표정하기(aim)

고객이 최종적으로 이루어지기를 바라는 목표를 말한다. 설정한 목표가 고객이 진정으로 원하는 목표인지를 확인한다.

■ 목표정하기 단계에서 활용할 수 있는 질문

- 반드시 이루고 싶은 것은 무엇입니까?
- 그 목표가 당신에게 어떤 의미가 있습니까?
- 목표를 이루었을 때, 당신의 모습은 어떤 모습입니까?
- 그 목표가 이루어졌다는 것을 어떻게 알 수 있습니까?
- 목표 달성한 모습을 그려 보면 어떤 느낌이 듭니까?

(4) 해결책찾기(choose)

고객의 목표 성취를 위하여 방법과 경로를 선택하는 것을 말한다. 현재 상태와 목표까지의 갭을 파악하면서 목표성취를 위한 구체적인 실행계획을 세운다.

■ 해결책찾기 단계에서 활용할 수 있는 질문

- 무엇이 있으면 더 잘 이룰 수 있겠습니까?
- 어떻게 했을 때, 원하는 것을 이루었습니까?
- 누구의 도움을 받았을 때, 더 잘 이룰 수 있겠습니까?
- 누구의 도움을 받으면 더 잘 이룰 수 있겠습니까?
- 지금까지와 다른 새로운 방법입니까?
- 가장 먼저 해야 할 일은 무엇입니까?

- 그렇게 할 때, 예상되는 어려움은 무엇입니까?
- 지금과 비슷한 상황이었을 때는 어떻게 했습니까?
- 다른 사람은 그 상황에서 어떻게 했습니까?

(5) 습관들이기(habituate)

고객이 목표의 성취로 얻는 유익이 지속되도록 실행하는 것을 말한다.

■ 습관들이기 단계에서 활용할 수 있는 질문

- 지금까지 코칭받은 것을 정리해 보십시오.
- 실행할 수 있다는 마음을 1~10으로 표현하면 몇입니까?
- 언제부터 실행해 보겠습니까?
- 실행한 결과를 코치가 어떻게 확인할 수 있습니까?

5) ANCHOR 모델

ANCHOR 모델은 한국부모코칭센터 NLPia 코칭프로그램의 모델이다. NLPia코칭이란 리더십의 원리, NLP기법, 코칭기술을 통합하여 고객이 원하는 목표를 효과적으로 이루어갈 수 있도록 개발된 프로그램이다(이소희 외, 2005).

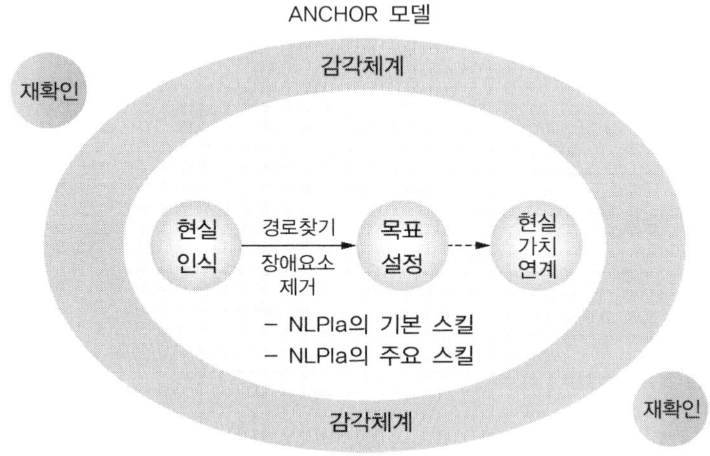

[그림 3-4] NLPia 코칭 ANCHOR 모델

출처: 박창규, 이소희(2006).

(1) A(Aim-Outcome)

ANCHOR의 A는 기대목표(Aim-Outcome)를 의미하는 것으로 고객이 원하는 상태, 성취하고자 기대하는 목표를 의미한다. 자신의 기대가 무엇인지 명확하게 인식하는가 하지 않는가는 개인이 목표를 향해 가는 과정뿐 아니라 결과에서도 큰 차이를 가져온다.

(2) N(Now)

ANCHOR의 N은 현실인식(Now)으로 현재의 문제를 인식하고 접근하는 것이다. 현재의 느끼는 감정을 표현한다.

(3) C(Core-State)

ANCHOR의 C는 현재 달성하고자 하는 목표가 궁극적으로 추구하는 핵심가치(Core-State) 또는 자신의 사명과 어떤 연관이 있는지를 찾는 것이다.

(4) H(Hunting for Path)

ANCHOR의 H는 경로찾기(Hunting for Path)로 목표실현을 위한 내적 자원을 찾아내는 과정을 의미한다. 목표달성을 위한 구체적인 행동을 계획하고 목표실현을 위한 NLPia의 다양한 기본 기술 및 주요 기술들을 활용하여 다양한 경로를 찾는다.

(5) O(Obstacles)

ANCHOR의 O는 장애요인(Obstacles)을 제거하는 단계로 목표를 이루기 위한 계획을 실행하는데 내 · 외적인 장애요인을 파악하고 장애를 극복하는 데 필요한 자원을 확인함으로써 목표실현에 대한 자신감을 얻는다.

(6) R(Recap)

ANCHOR의 R은 지금까지의 과정을 다시 살펴보고 다짐(Recap)하는 것을 의미한다. 무엇을 알게 되었는지 정리하며 목표와 계획에 대한 실행을 다짐한다. 새로운 나를 발견하고 새로운 변화에 대한 감정을 나눈다. 새롭게 발견한 자신과 느낀 감정을 앵커링(anchoring)한다.

3. 코칭의 사례

활동 3-2 **코칭 대화 상황극**

뒷장에 나오는 코칭사례 Oh! NO, Oh! YES 대화를 두 사람이 조를 이루어 한 명이 '학생', 또 다른 사람이 '교수'가 되어 읽는다.

1. Oh! NO 대화

학생: 교수님 안녕하세요? 교수님 ○○과목을 수강하고 있는 ○○○입니다. 잠깐 상의드릴 일이 있어서 찾아 왔습니다.

교수: 네, 얘기하세요.

학생: 저는 졸업학기 학생인데 이번 학기에 취업준비도 함께 하고 있었습니다. 몇 개 회사에 입사지원을 하던 중 한 회사에서 최종합격 통지를 받았습니다.

교수: 오, 축하해요! 무슨 회사인가요?

학생: ○○회사입니다. 그런데 회사 측에서 4월 중순부터 신입사원 연수를 시작하니 당장 일주일 뒤에 입사를 하라는 연락을 보내 왔습니다. 그 회사에서는 신입사원 연수에 참석하지 않으면 입사가 취소된다고 합니다. 저는 학기 중이어서 그 일로 상의를 좀 드리고 싶어서 찾아뵈었습니다.

교수: 어떤 상의가 필요한가요?

학생: 제가 연수에 참석하게 되면 당장 강의 출석을 하지 못하는 상황이 되어서 교수님께서 조금 도와주시면 감사하겠습니다. 제가 기존의 시험과 과제는 다 성실히 이행하겠습니다. 다만 출석 부분만 추가 과제나 시험으로 대체할 수 없을까 해서 찾아뵙게 되었습니다.

교수: 그게 무슨 말인가요? 나는 이해를 못하겠네요. 왜 학생이 학기 중에 수업을 빼 먹으면서 회사에 들어가야 하는지 모르겠네요.

학생: 물론, 교수님께서 보시기에는 말이 안 된다고 생각되실 수 있겠습니다만 요즘 취업하기가 어렵고 경쟁이 심하다 보니 많은 회사가 학기 중에 신입사원을 뽑아서 채용하는 경우도 많이 있는 게 사실입니다. 저도 학기를 마치고 취업하는 것이 옳다고 생각합니다만 상황이 여의치 않아서요.

교수: 학생이 ○○대 학생이 맞나요? 정직과 성실이 모토인 이 학교에서 학생이 취업을 해야 한다고 출석 대신에 다른 방법으로 학점을 달라고 하는 것이 ○○대 학생이 할 말인지 나는 궁금하네요.

학생: 죄송합니다….

교수: ○○대 학생이라면 당당하게 회사에다 대고 내가 학기를 마치고 갈 테니 입사 일자를 연기해 달라고 요구하거나 회사가 그렇게 못하겠다고 한다면 할 수 없는 것이지 그런 식으로 입사도 하기 전에 회사에 얽매여서 꼼짝도 못하는 사람이 나중에 무슨 능동적인 인재가 되겠습니까?

학생: 죄송합니다.

교수: 내가 이 학교에 부임한 지 얼마 안 되었지만 이런 일은 결코 허락할 수 없어요.

학생: 교수님께서 하신 말씀은 다 옳으십니다. 그렇지만 저의 상황을 조금만 이해해 주실 수는 없으시겠습니까?

교수: ○○대 학생이 그런 식으로 취업을 해서 어떻게 세상을 바꾸겠다고 하는지 모르겠네요. 여하튼 나는 그런 도움을 줄 생각이 없으니 회사에 연락해서 다음 학기까지 입사를 보류해 달라고 이야기해 보던가 하세요.

학생: 네.

2. Oh! YES 대화 : 코칭대화

학생: 교수님 안녕하세요? 교수님 ○○과목을 수강하고 있는 ○○○입니다. 잠깐 상의드릴 일이 있어서 찾아 왔습니다.

교수: 아 그래요. 무슨 일이에요?

학생: 저는 졸업학기 학생인데 이번 학기에 취업준비도 함께 하고 있었습니다. 몇 개 회사에 입사지원을 하던 중 한 회사에서 최종합격 통지를 받았습니다.

교수: 요즘 취업하기가 쉽지 않은데 아주 잘되었네요. 축하해요. 무슨 회사에요?

학생: ○○입니다. 그런데 회사 측에서 4월 중순부터 신입사원 연수를 시작하니 당장 일주일 뒤에 입사를 하라는 연락을 받았습니다. 그 회사에서는 신입사원 연수에 참석하지 않으면 입사가 취소된다고 합니다. 저는 학기 중이어서 그 일로 상의를 좀 드리고 싶어서 찾아뵈었습니다.

교수: 음, 얼른 들어도 쉽지 않은 상황이네요. 그래, 구체적으로 어떤 상의를 하고 싶은 건가요?

학생: 제가 연수에 참석하게 되면 당장 강의 출석을 하지 못하는 상황이 되어서 교수님께서 조금 도와주시면 감사하겠습니다. 제가 기존의 시험과 과제는 다 성실히 이행하겠습니다. 다만 출석 부분만 추가 과제나 시험으로 대체할 수 없을까 해서 찾아뵙게 되었습니다.

교수: 그렇군요. 취업으로 학기 초지만 수업에 오기가 어렵다는 거군요.

학생: 네, 죄송합니다.

교수: 수업 결손을 보전하기 위해서 학생이 할 수 있는 최선을 다 하겠다는 자세는 칭찬할 만하네요. 요즘은 대학에서도 취업이 우선시되어 취업으로 인한 수업결손을 예사롭게 생각하는 학생도 많은데 말이에요.

학생: 그렇게 말씀해 주시니 감사합니다. 그리고 죄송합니다.

교수: 그럼 ○○회사는 학생에게 어떤 의미가 있는 회사인가요? 그 회사에서 어떤 비전을 가지고 일할 건가요?

학생: …. 입사 면접 때는 이런 저런 이야기를 그럴 듯하게 했습니다만 교수님이 질문하신 그런 내용들에 대해서 솔직히 깊이 있게 생각을 안 해봤습니다. 사실 취업이 어려우니 어떤 회사든 입사가 결정되는 데로 빨리 취업을 해야겠다고만 생각을 하고 있었습니다.

교수: 그래요. 취업이 급하니 충분히 그럴 수 있을 것 같아요. 혹시 지금 그 직장의 의미를 한번 생각해 보면 어떤 것 같아요?

학생: 음~~. 사실 저는 원래 설계사가 되고 싶었거든요. 그런데 그냥 마음이 바빠서…. 지금 그곳에 가면 제 꿈과는 좀 다른 길일 것 같기도 해요.

교수: 그렇군. 그럼 정말 아무제약이 없다면 무엇을 하고 싶나요?

학생: 그건 당연히 설계사지요. 충분히 공부하고 졸업도 하고…. 교수님 제가 조금 더 생각해 보고 다시 한 번 올게요.

교수: 그래요. 나는 서윤 군이 어떤 식으로든 도움이 되는 방향으로 이야기해 보고 싶네요.

학생: 네, 그렇게 하겠습니다. 마음 한 켠에서 걱정만 하고 있던 문제를 진지하게 생각할 수 있게 해 주셔서 감사합니다.

교수: 그래요. 그렇게 생각한다니 잘되었네요. 언제 다시 올래요?

학생: 교수님 좋은 시간에 맞추겠습니다.

교수: 그러면 다음 주 화요일 오전 10시는 어때요. 이 문제는 학생에게 매우 중요한 것이니 나도 관심을 가지고 돕도록 할게요.

학생: 교수님, 너무 감사합니다. 다음 주에 뵙겠습니다.

교수: 그래요. 그때 봐요. 우리 함께 좋은 방안을 연구해 봅시다.

Oh! NO, Oh! YES 대화를 통해 일반대화와 코칭대화 사이에는 어떤 차이점이 있는지, 학생 입장에서 어떤 느낌이 드는지 토의한다.

사례1

아버지가 딸을 코칭한 사례

아버지: 내일부터 다이어트를 위해서 조깅을 할까 해.

딸: 나도 조깅할까?

아버지: 그래, 함께 하자. 그 대신 아침 5시에는 일어나야 한다! 괜찮겠니?
(중학교 1학년인 딸은 다소 뚱뚱한 체격 때문에 최근 따돌림을 당하는 모양이다.)

아버지: (다음날 아침) 용케 일어났구나. 어때, 계속할 수 있을 거 같니?

딸: 아빠는?

아버지: 음, 글쎄. 네가 함께 한다면 계속해 보려고.

딸: 나도 아빠와 함께라면 계속 할래.
(1개월이 지난 어느 날.)

딸: 아빠는 중학교 다닐 때 즐거웠어?

아버지: 글쎄. 벌써 20년이 훌쩍 넘은 얘기지만, 즐거웠던 것 같아. 왜? 너는 즐겁지 않니?

딸: 난 사실은 별로 학교에 가고 싶지 않아. 하지만 아침에 아빠와 조깅을 하면 왠지 용기가 나는 것 같아.

아버지: 학교에 가는 데 용기가 필요해?

딸: 심술궂은 아이가 있어…….

아버지: 어떤 아인데?

딸: 같은 반 친군데, 운동도 잘하고 스타일도 멋진 애야. 항상 나랑 눈이 마주치면 "살 좀 빠졌어?" 하고 물어.

아버지: 묻기만 해?

딸: 응. 하지만 "뚱땡이는 싫어. 매력도 없고 여름에는 보기만 해도 덥거든!" 하면서 내쪽을 보더니 아이들과 킥킥거리며 웃는 거야.

아버지 : 너를 보고 웃었어?
딸 : 아마도 그럴 거야. 전에는 사이가 좋았는데, 왠지 기분 나빠서 요즘엔 이야기도 안 해.
아버지 : 그랬구나. 상처가 컸겠구나. 그런데 그런 네 기분을 그 애한테 이야기해 봤니?
딸 : 말도 안 돼! 그런 말 어떻게 해!
아버지 : 그래도 친구잖아?
딸 : …… 친구? 전에는 그랬지.
아버지 : 사실은 다시 친구가 되고 싶은 거 아냐?
딸 : 응. 요즘 외톨이가 된 거 같아서 쓸쓸해.
아버지 : 다시 친구가 되고 싶다면 그걸로 된 거 아닐까! 아빠도 친구랑 자주 싸웠지만, 금방 다시 사이가 좋아졌거든. 중학교 때는 거의 매일 싸움을 했지, 아마? 특히 야구부원들은 입이 험한 편이었거든. 하지만 본성은 다 착한 녀석들이었어. 지금 생각해 보면 그때가 그립단다.
딸 : 그 애도 원래는 착한 애야. 그런데 아빠는 어떻게 해서 다시 사이가 좋아질 수 있었어?
아버지 : 하고 싶은 말을 하면서 싸우니까 항상 마지막에는 사과를 하게 되던걸.
딸 : 어느 쪽이?
아버지 : 양쪽이 다. 서로 말하고 싶은 거 실컷 말하면서 상대에게 상처를 주었거든. "나, 너 때문에 상처 입었어! 너, 마음에 안 들어! 그러니까 사과해!" 하면서 말야. 그러나 결과적으로 냉정해지면 나부터라도 먼저 "내가 말이 심했어. 미안." 하며 반성하게 되었지.
딸 : 속마음을 말로 솔직하게 표현할 수 있는 친구 사이란 건 참 좋은 거 같아.
아버지 : 그 아이, 네가 마음에 상처를 입었다는 거 알고 있니?

딸: 아마, 모를 거야.

아버지: 알리고 싶니?

딸: 모르겠어. 어떻게 하는 게 좋을지. 하지만 다시 함께 예전처럼 놀고 싶긴 해.

아버지: 어떻게 하면 그렇게 될 수 있을까?

딸: 내가 먼저 말을 걸어볼게. 조금 용기를 내서.

아버지: 그렇게 해볼래? 우리 딸, 대단하구나. 그건 그렇고, "살 좀 빠졌니?"라는 말을 다시 듣게 되면 어떻게 할 거야?

딸: 그러면 매일 아침 조깅하고 있다는 걸 가르쳐주겠어. 아빠와 함께 즐겁게 한다는 것도.

아버지: 왜? 어째서 그걸 가르쳐주고 싶은 거지?

딸: 분명히 부러워할 테니까!

아버지: 음. 그럼 그걸로 마음이 풀릴까?

딸: 뭐, 그럭저럭. 만약 이번에 또 마음에 상처를 입으면 나도 싸워볼까?

아버지: 어떤 식으로?

딸: "그런 말 듣기 싫으니까 이제 그만둬!"라고 소리치는 거야. 그래도 안 되면 생각했던 거 전부 말해 버릴 거야. 그러면 분명히 깜짝 놀라겠지?

아버지: 그래. 놀랄 거야. 우리 딸, 용기 있구나.

출처: 도미향 외(2007).

사례2 어머니와 아들을 코칭한 사례

1회기

어머니 : 코칭을 받고 싶은 것이 있니?

아들 : 전 핸펀(핸드폰)이 없어요. 초등학교 때는 핸드폰 없는 친구가 6~7명 정도는 있었는데, 중학교 올라와서는 2명밖에 없어요. 대학생 되면 사주신다고 해서 초등학교 때는 완전히 포기하고 있었죠. 그런데, 작년 크리스마스 때쯤 할머니께서 중학생 되는 기념으로 핸드폰 사라고 100만 원 주셨는데 아버지가 허락을 안 하셔서 살 수가 없었어요. 그때 얼마나 낙심했는지 몰라요. 지금도 좀 많이 맘이 아파요.

어머니 : 핸드폰 때문에 속상하구나?

아들 : 네. 반 친구들이 처음에 핸드폰 없다고 "너네 집 좀 구리니?" 하고 물었어요.

어머니 : 구리다는 게 무슨 뜻이니?

아들 : 좀 못산다는 뜻이죠.

어머니 : 친구들한테 놀림 받아서 기분이 나빴겠네?

아들 : 네. 아빠가 정말 야속했어요. 고등학생도 아니고 대학생 때 사준다는 건 정말 이해할 수 없었어요. 남들 다 있는 핸드폰을 왜 저만 안 된다는 거예요? 내 친구들은 초등학교 3학년 때부터 핸드폰을 사용했대요. 어떤 애는 유딩(유치원생)들도 가지고 있어요.

어머니 : 속상하기도 하고 아버지가 이해 안 되는 점도 있을 거 같아. 아버지는 핸드폰을 사 주지 않는 이유를 말씀해 주셨니?

아들 : 네. 버스나 전철에서 그리고 길에서 학생들이 핸드폰으로 게임하고 문자 넣는 모습이 아버지 보시기에는 정신없이 사는 애들 같대요. 공부가 제대로 되겠느냐고 하시면서요. 전 안 그럴 자신 있는데 말이

죠. 그리고 문자 넣고 게임하면서도 할 거 다 해요. 정신 나간 거 아니에요. 왜 한 가지만 해야 하죠? 음악 들으면서 공부 잘 할 수 있는데 우리 아버진 절대 못 그러게 하세요. 이해할 수 없어요.

어머니 : 핸드폰이 있으면 너에게 어떤 좋은 점이 있니?

아들 : 친구들과 엄마와 자유롭게 통화할 수 있어요. 우정도 더 쌓을 수 있어요. 핸드폰이 없을 경우 친구들에게 제외당할 수 있어요. 납치당했을 때 위치 추적할 수도 있고요. 전 차분해서 한 번도 길을 잃어버린 적은 없지만 혹시 사고 나면 단축번호 사용해서 빨리 연락할 수 있고요. 1번 엄마, 2번 아빠 이런 식으로요. 얼마나 좋은데요. 필수품이에요. 안 좋은 점도 있겠죠. 그래서 아빠가 못 사게 하는 거예요.

어머니 : 어떤 점일까?

아들 : (웃음) 음~ 게임에 빠질 수도 있고, 전화 문자 많이 해서 요금이 많이 나올 수도 있어요. 내 친구는 20만 원 나와서 아빠한테 엄청 혼났대요. 압수당하고요. 장난전화 하고 싶을 수도 있고. 수업시간에도 문자나 게임하고 싶을 거 같고, 매사에 핸펀에 집중할 거 같아요. 하지만 그건 모두 나 스스로 통제할 수 있어요. 예를 들어, 게임은 nate on에서 막게 하는 거 있어요. 요금 문제는 정액제 사용해서 2~3만 원 정도로 한계를 정하면 되요. 장난전화나 정신이 엉뚱한 데로 가는 건 스스로 자제할 수 있어요. 에디슨도 1%의 천재성과 99%의 노력으로 성공했잖아요. 이 말이 여기엔 안 어울릴지 모르지만 아무튼 노력이 중요하다는 얘기를 하고 싶은 거예요. 나 역시 스스로를 통제하는 노력을 통해 아빠가 염려하는 것은 얼마든지 극복할 수 있어요.

어머니 : 이야기를 듣고 보니 동욱이는 핸드폰의 장점과 단점을 모두 알고 있고, 아빠가 생각하는 문제점을 충분히 극복해 낼 수 있을 것 같네. 정말 훌륭하다. 그런데 대학생이 될 때까지는 5년 정도의 시간이 더 있어야 하는구나.

아들: 아, 그런데 최근에 아버지께서 대학생이 되기 전엔 생각도 하지 마라고 하시던 입장을 바꾸셨어요. 모든 친구들이 핸드폰을 가지고 있다는 걸 아셨나 봐요. 대학생이 되기 전에 사줄 수도 있다는 거예요.

어머니: 그래? 그러면 희망이 생긴 거니?

아들: 그런데 기말고사 때 평균 95점을 넘으면 사주신다고 하셨어요.

어머니: 그렇구나. 그래도 대학생 될 때까지 생각도 하지 말라던 때보다는 희망적으로 들리는데 어떠니? 네 생각은?

아들: 조금은 더 희망적이죠. 하지만 초딩(초등학교) 때는 95점이 식은 죽 먹기지만 중딩 때는 틀리더라구요. 무조건 성적이 떨어졌다고 야단치시는데 중딩(중학교) 때는 얼마나 문제가 어려운데요.

어머니: 시험점수가 이제 관건이네. 평균 95점을 넘을 가능성은 어느 정도라고 보니?

아들: 휴~. 60~70% 정도? 어려운 점수기는 하지만 60~70%라는 가능성을 보고 도전을 하고 싶어요.

어머니: 그래, 도전을 하고 싶다는 말을 들으니 나까지 결심을 한 듯 비장해지는구나. 도전이 성공할 경우 핸드폰이 생기는데 기분이 어떨까?

아들: 8년 묵은 꿈이 이루어진다는 느낌?

어머니: 8년 묵은 꿈…. 오래전부터 갖고 싶었구나? 그 기분을 다른 말로 표현하면?

아들: 하늘을 나는 기분?

어머니: 핸드폰이 생기면 제일 먼저 하고 싶은 건?

아들: 애들한테(반 친구) 나 핸펀샀다~ 하고 문자를 보내고요. 그러면 애들이 '추카추카' 하고 답장을 보내겠죠? 그리고 사주신 아빠께 감사하다는 문자를 보내겠어요.

어머니: 이제 시험이 며칠 남았니?

아들: 2주 정도요.

어머니 : 현재 어느 정도 시간을 공부에 투자하고 있니?

아들 : 5~6시간요. 밥 먹는 시간 외엔 늘 공부하죠.

어머니 : 성공 가능성을 60~70%라고 말했는데 조금 더 높일 방법이 있을까?

아들 : 시간상으로는 어렵지만 핸펀을 생각하면서 좀 더 집중하면 성공 가능성을 70~80%로 올릴 수 있을 거 같아요.

어머니 : 자, 그럼 핸드폰을 한 손에 쥐고 있다고 생각해 봐.

아들 : 와~. 기분이 무척 좋아져요. 내 폰은 slide 폰이에요. 공짜폰이고. 카메라는 없어요. 난 디카(디지털카메라)가 있으니까요. 영상통화기능은 없고, 왜냐면 다들 없는데 나만 영상 되는 거 사면 아무 소용이 없잖아요. 색깔은 검은색이에요. 명랑쾌활한 밝은 벨소리가 나죠. 신난다.

어머니 : 그 기분을 어떻게 표현할 수 있니?

아들 : 제 인생의 첫 번째 목표는 제가 가지고 싶은 직업을 갖는 거예요. 즉 판사가 되는 거죠. 두 번째 목표는 내 마음에 드는 여자와 결혼하는 거예요. 세 번째 목표가 핸펀이었는데요. 핸펀을 손에 잡으면 '야! 내 인생의 세 번째 목표를 이루었다'라고 말하고 싶어요.

출처: 도미향 외(2007).

2회기

아들 : Hi~

어머니 : Hi~ 어떻게 지냈니?

아들 : 핸펀(핸드폰)을 가질 수 있다는 희망을 가지고 열라(열심히) 공부했어요. 아빠께서 100%의 실력을 발휘하기 위해선 120%의 노력을 해야 된다고 하셔서요. 지금 몹시 피곤해요. 9과목 시험을 봤고, 이제 3과목 남았어요.

어머니 : 많이 힘들구나. 그래도 무척 씩씩한 걸 보니 잘 견디고 있는 것 같아 대견한 걸. 지금까지 본 시험은 어땠니?

아들 : 진짜 열심히 했어요. 예습 복습도 항상 하고요. 친구들은 학원에 가서 공부하는데 전 스스로 인터넷 강의를 들으며 집에서 공부해요.

어머니 : 지금까지의 결과에 대해 어떻게 생각하니?

아들 : 노력한 만큼의 성과를 거두지는 못했어요. 좀 아쉬워요.

어머니 : 노력한 것만큼의 결과가 나오지 않아 서운하구나. 충분히 만족할 결과를 얻지 못한 원인이 뭘까?

아들 : 시험이 정말 어려웠어요. 다들 망했다고 난리예요. '아버지한테 죽었다', '내일 나 안 오면 지구를 떠난 줄 알아라.' 그렇게들 말하고 집으로 가요. 그리고 전 집에서 공부하니까 그때그때 물어보고 싶은 게 있을 때 해결이 빨리 안 돼요. 학원에 다니면 그게 가능하잖아요?

어머니 : 학원에 가고 싶다는 뜻이니?

아들 : 아뇨. 돈도 많이 들구요.

어머니 : 돈 드는 걸 걱정해서 집에서 공부하겠다고 부모님께 말씀드린 거니?

아들 : 아뇨. 그런 건 아닌데. 장단점을 말하는 거예요. 친구도 사귀면 좋은데 아버진 친구 집에서 공부 못하게 해요. 왔다 갔다 하는 시간에 공부하라고요. 그걸 적용하면 학원가고 오는 길에 공부하는 게 낫구나 하는 결론을 얻게 되요. 그러다 보니 귀차니즘에 걸린 거 같아요.

어머니 : 귀차니즘이 뭐지?

아들 : 만사가 귀찮은 거죠.

어머니 : 모든 일에 항상 밝고 적극적이라 귀찮아하리라고는 생각 못했는데 그런 마음이 있었구나. 그 원인은 뭐라고 생각하니?

아들 : 부모님이 약속 안 지키고…… 부모님과 하는 활동도 없고요. 가끔 아빠랑 어릴 때 레슬링을 한 적은 있지만 지금은 아빠가 쇠약해져서 정강이뼈가 나갈 수도 있고요. 엄마는 원래 신체적 활동은 남자랑 하는

거다 하면서 아빠랑 놀아라 하고, 엄마 공부하셔야 한다고 매일 공부 핑계만 대고요. 나도 공부하라고 하고요. 잔소리는 많이 하는데 놀아주지는 않아요. 늙으셔서 할 놀이도 없고.

어머니 : 부모님과 어떤 놀이를 하고 싶니?

아들 : 축구, 야구 그런 거요. 그런데 겨울이라서 좀 그렇긴 하지만, 볼링도 친구들하고 가라고 하고, 집에만 들어오면 엄마아빠는 귀차니즘에 걸려요. 픽픽 쓰러지고, 자고, 놀아주지 않아요. 부모님과 관련된 기억은 별로 없어요. 상 받은 기억, 연극해서 구민회관에서 공연하고, 대학로에 가서 공연했던 거, 그 외에 놀러간 기억이 없어요. 월드컵 때 프랑스랑 어떤 미개한 나라 어디더라? 아 세네갈이었지. 세네갈이랑 프랑스랑 개막 전 한다고 축구경기 보러간 거 그런 거 몇 개만 기억나고 거의 없어요.

어머니 : 부모님과 놀이 활동도 같이 하고 싶은데 그러지 못했나 보구나. 네가 그런 생각을 하고 있다는 것에 대해 부모님은 알고 계실까?

아들 : 모르고 계실 걸요.

어머니 : 부모님께 말해 보지 않았니? 니 생각을?

아들 : 별로 도움도 안 되고요. 집에만 오면 귀차니즘에 걸리시는 분들한테 뭐라고 말하겠어요? 3인 가족인데요. 사공이 많으면 배가 산으로 간다는데 우린 세 명 밖에 안 되는데 참 신기해요. 사공도 적고 의견도 잘 통하는데요. 공부만 하라고 하고 야외로 놀러도 안 가요.

어머니 : 공휴일에 야외로 놀러가자고 하는 건 어떠니?

아들 : 아빠가 토요일은 멋쟁이 사장님들이랑 거의 골프 가시고, 주일은 모두 교회에 가죠. 교회에서 저녁에 오니까 놀러갈 수 없어요.

어머니 : 시험에서 만족스런 결과가 나오지 않은 것이 부모님이 함께 놀아주지 않기 때문이라고 생각하니?

아들 : 그게 가장 큰 이유라고 생각해요. 부모님께 쌓인 게 많으니까 스트레스

도 많고 그게 풀리지 않으니까 더 쌓이게 되고요. 전 그렇게 생각돼요.

어머니 : 부모님에 대한 불만이 네 공부 집중에 방해가 된다고 생각하니?

아들 : 네, 영향을 줘요. 제가 언젠가 이런 책을 읽었어요. 어릴 적 아빠랑 많이 놀면 머리가 좋아진대요. 전 아빠랑 한 번도 함께 누워 본 적이 없어요. 엄마 기억은 좀 있는데 아빠 기억은 없어요. 좀 커서는 엄마가 도움을 줘야 하는데 엄마가 도움을 안 줘요. 내가 모르는 게 있으면 대답을 해줘야 하는데 영어는 가끔 도움을 주는데 다른 거는 전혀 도움이 안 되고 회사 상사처럼 이래라저래라 해요.

어머니 : 어떨 때 회사 상사처럼 느끼니?

아들 : 매일 평상시에 그렇게 느껴져요. 예를 들면 직접 보지는 못했지만 부하 직원처럼 부려 먹는다 그런 느낌이 들어요. 머슴이랄까.

어머니 : 시간과 노력을 들인 만큼의 결과를 얻기 위해서는 우선 부모님이 너와 시간을 함께 해주길 원하는구나?

아들 : 네, 우선 저를 위해 1~2년만 시간을 투자해 주시면 그동안 쌓인 게 다 풀어질 거 같고요. 공부도 엄청 잘 돼서 100%의 성과를 거둘 수 있을 거 같아요. 귀차니즘도 사라지고요. 부모님은 시간 낭비라고 생각하실지도 모르지만 아들을 위해 1~2년을 투자 못 하시나요? 그후는 제가 고딩(고등학생)이 되니까 두 분은 지금처럼 알콩달콩 닭살커플로 사시고요.

어머니 : 음~ 처음 목표가 핸드폰 사는 것이었는데 이번에 가능하다고 보니?

아들 : 잘 모르겠어요. 좀 간당간당해요. 하지만 얘기 나누고 나니까 맘은 홀가분해요. 아까는 시험결과가 만족스럽지 못해서 몹시 신경질도 나고 부모님도 원망스러웠는데 그다지 큰 문제는 아닌 거 같아요. 부모님께 그동안 제 마음을 얘기 안 했는데, 이야기하면 두 분은 잘 들어주시고 도와주실 거 같아요.

어머니 : 오늘 대화한 것에 만족하니?

아들: 좀 우울한 것이 사라지고 좀 희망적으로 많이 변한 거 같아요. 감사합니다.

어머니: 그래~ 안녕!!

사용된 코칭 기술

공감하기, 칭찬하기, 맥락적 경청하기, 개방형 질문하기, 긍정형 질문하기, 공유하기, 중립적 시각, 관점 바꾸기, 명확화하기, 정보주기, 확인하기, 백트래킹 등

출처: 도미향 외(2007).

코칭의 기법

chapter 04

04 chapter 코칭의 기법

코칭은 코치가 고객의 목표성취를 위해 함께하는 과정이다. 그렇기 때문에 일련의 코칭 과정이 존재하고, 코치는 이 과정의 각 단계마다 코칭기법을 활용해서 효율적이고 효과적으로 코칭의 전 과정을 원활하게 진행할 수 있다.

코칭기법은 모든 커뮤니케이션의 기본이 될 수 있으며, 자기를 표현하고 상대방의 이야기를 경청함으로써 문제를 해결하는 힘과 바람직한 상태를 발견하고 그것을 실현하는 힘을 이끌어 내는 것이 코칭기법의 역할이라 할 수 있다.

코칭기법은 공감하기, 경청하기, 질문하기, 인정 · 칭찬하기, 중립언어 사용하기, 피드백하기, 확인하기로 나눌 수 있다. 여기에서는 코칭학회 코칭기술인 경청하기, 질문하기, 피드백하기, 인정 · 칭찬하기에 대해 구체적으로 살펴볼 것이다.

1. 경청하기

1) 경청의 개념

인간의 행동 동기 가운데 이해받고자 하는 욕구만큼 강렬한 것도 없다. 자신이 중요하다고 생각하는 사람이 자신의 말에 귀를 기울이고 자신이 하는 말을 이해하려고 노력할 때 만족스러운 의사소통이 되었다고 생각한다. 내 말에 귀 기울인다는 것은 상대가 나를 진지하게 받아들이고 생각과 감정을 알아주며 무엇보다 내 말을 중요하게 여긴다는 뜻이다. 인간은 상대가 자신의 이야기에 관심을 가진다고 느낄 때 자신에게 중요하고 의미 있는 이야기를 하기 시작한다. 그렇기 때문에 모든 커뮤니케이션의 시작은 경청이며, 코칭에서도 경청은 상당히 중요하다.

경청은 상대의 말을 잘 들음으로써 실제 말 뒤에 숨어 있는 의도나 실제적인 관점, 말하는 사람의 삶 속에 들어 있거나 삶을 배경으로 하여 나타난 사실들을 듣고 보기 위해 전후관계의 실마리를 놓치지 않고 문맥을 이해하는 것뿐만 아니라 말하는 사람의 감정까지도 듣는 것이다. 즉, 적극적으로 경청하기(active listening)의 이 역량은 코칭역량의 세 번째 그룹인 효과적으로 의사소통하기(communicating effectively)에 속한 역량으로써, '고객이 말하는 것과 말하지 않는 것에 온전히 집중하고, 고객의 욕구를 감안하여 말의 의미를 이해하고, 고객의 자기표현을 지원할 수 있는 능력'을 말한다(도미향, 2019).

2) 경청의 방법

효과적인 코칭을 위해서는 상대방의 이야기에 적절히 공감하고 반응해야 한다. 공감과 반응은 상대방이 내 얘기를 진심으로 경청하고 있다는 것을 확인시켜 주는 신호이기 때문이다. 아무리 집중해서 듣고 있어도 적절한 공감과 반응을 보이지 않으면, 상대방은 자신의 의사가 제대로 전달되고 있다는 느낌을 충분히 받지 못하게 된다. 좀 더 정확히 파악하기 위해서는 오히려 적절히 공감하고 반응하면서 상대방이 효과적으로 이야기할 수 있도록 배려하는 것이 중요하다. 경청을 위해서는 무엇보다도 상대방이 자신의 문제를 스스로 해결할 능력을 가지고 있다는 것에 대한 깊은 신뢰감을 가져야 하고 상대방이 표현하는 감정을 진지하게 받아들일 수 있어야 한다.

코칭대화는 말(단어)로만 이루어지는 것은 아니다. 메리비안의 연구에 의하면 사람과 사람이 대화할 때 상대방으로부터 느끼는 전체 인상 중 그 사람이 하는 이야기로 인한 것은 단지 7%에 불과하다. 대신 목소리의 음조(38%)나 몸짓(55%) 등 비언어적인 표현에서 받는 인상이 훨씬 크다. 말에 담긴 내용만이 아니라 그 외에 목소리 톤이나 말의 속도, 그리고 말과 말 사이에 끼어드는 침묵이나 손동작 등 수많은 요소들이 포함된다. 그렇기 때문에 경청을 효과적으로 하기 위해서는 내 몸을 상대와 맞추고, 내 마음을 상대와 맞추고, 내 생각을 상대와 맞추어 상대가 말하는 것을 읽지 않고 상대의 말을, 상대의 마음을, 상대의 생각을 있는 그대로 듣는 것이다. 경청을 통해 서로를 이해하고 감정을 이입하게 되면 코치와 고객 사이에 끈끈한 결속력이 생기는 것뿐만 아니라 고객의 자의식과 자존감을 높여줄 수 있다.

3) 경청의 걸림돌

경청의 걸림돌이란 코치가 경청하는 것을 방해하는 요인을 말한다. 경청의 걸림돌은 코치가 가지고 있는 패러다임을 들 수 있다. 이 패러다임은 코치가 그동안 살면서 부모로부터 물려받은 가치관이나 경험, 학교에서 받은 교육, 선입견, 편견 등을 통해서 말하는 사람을 판단함으로써 있는 그대로 듣지 못하고 코치 위주로 걸러서 듣는 것을 의미한다. 경청의 걸림돌로는 크게 외부적 요인과 내부적 요인으로 구분할 수 있다. 외부적 요인은 외부의 소음으로 전화소리나 말소리, 문을 여닫는 소리, 발소리 등 외부에서 나는 다양한 소리를 말한다. 이 외부의 소음은 통제가 가능하지만 문제가 되는 것은 내부의 소음이다. 내부의 소음은 코치가 경청을 하면서 코치의 내면에 드는 생각으로 고객에게 집중하지 못하는 것을 의미하는 것으로 고객의 언어나 행동에 대하여 성급한 가정이나 결론을 내리거나, 고객이 말을 하는 동안 어떻게 반응할지 생각한다거나, 고객이 하는 행동이 도덕적 · 윤리적으로 옳다 그르다고 평가하거나, 고객의 말이 맞다 틀리다 비판하는 것을 들 수 있다. 이와 같은 내면의 소리를 잘 관리하는 것이 경청의 걸림돌을 제거하여 경청을 잘 하는 방법이 될 것이다.

4) 경청의 코칭적 접근

① 상대의 말이나 행동을 통하여 표현하는 것 외의 것도 잘 보고 듣는다.
② 상대의 말이나 행동에 초점을 두기보다는 함께한다는 느낌을 갖는다.
③ 단순히 잘 듣는 것이 아니라 듣고 본 내용을 이해함과 동시에 숨어 있는 의도, 내용, 감정, 느낌 등을 함께 공유한다.

그 중 고객이 경험했거나 가졌을 법한 감정이나 욕구, 의도 등을 질문해 주고 고객이 표현한 감정, 욕구, 의도에 공감해 주는 경청 능력은 아주 중요하다. 간단한 예를 들면 다음과 같다(도미향, 2019; 황현호 · 도미향, 2018).

코치: "그래요, 그때 고객님은 어떤 감정을 경험하셨을까요?"
고객: "정말 속상하고, 힘들었지요."
코치: "아! 정말 속상하고 힘드셨군요."

이렇게 고객이 사용한 언어를 그대로 사용하면서 고객의 감정이나 욕구, 의도 등을 경청해 주면 된다.

코치: "그래요, 그때 고객님은 어떤 감정을 경험하셨을까요?"
고객: "정말 속상하고, 힘들었지요."

코치: "그래서 죽고 싶으셨군요."

(혹은) "아! 그럼 정말 너무 짜증 나셨겠네요."

(혹은) "너무 속상해서 다 그만두고 싶으셨군요."

고객: "그건 아닌데요."

위의 대화처럼 코치가 임의적으로 고객의 말을 과대해석해서 공감하거나 유사한 용어이지만 다른 뉘앙스로 표현하거나 코치의 에고가 작동한 어떤 판단에 의해 공감해 준다면 고객의 입에서 "그건 아니고요."라는 말을 들을 수도 있다.

"지금 당신의 마음은 어떤가요?"

"슬퍼 보이는군요. 지금 마음에서 어떤 감정들이 일어나고 있는지요?" 라고 고객의 감정에 대해 질문하고 탐구해 보자.

그리고 열정이나 가치, 신념, 꿈, 비전, 탁월함, 성품 등은 다음과 같이 경청하면 된다. 즉, '가치(신념, 비전, 탁월함, 성품 등)경청'이란 고객이 "코치님, 이게 제 가치입니다."라고 말하지는 않았지만 코치가 고객의 이야기를 듣다보니 고객의 가치가 무엇인지를 알 수 있을 것 같을 때, 다음과 같이 이야기해 준다.

코치: "고객님의 이야기를 듣다보니 고객님은 '변화와 성장'이라는 가치를 중요하게 생각하며 살아가시는 듯한데 어떠신가요?"

고객: "예, 코치님 말씀이 맞아요. 저는 평소에도 '변화와 성장'을 중요하게 생각하며 살고 있습니다. 그래서 어쩌면 지난 몇 개월

동안 그런 일을 해왔는지도 모르겠네요."

"그것에 대한 당신의 믿음은 무엇인가요?"
"친구를 바라보는 당신의 관점은 무엇인가요?"

위와 같이 고객의 이야기를 경청하면서 고객이 직접적으로 말하지는 않았지만 코치가 행간을 통해 들었거나 알아차린 고객의 감정, 욕구, 의도, 사실, 열정, 비전, 꿈, 야망, 가치, 신념, 기대, 열망, 습관, 패턴, 강점, 탁월함, 성품, 인품, 존재 등을 헤아려서 말로 표현해 주거나 질문을 통해 고객이 그것에 대해 이야기하게 함으로써 결론적으로 코치는 고객의 심중에 품고 있던 말하지 않은 다양한 것들을 경청하게 된다.

- 당신은 코치로서 어떻게 경청하고 있는가?
- 고객의 감정에 대해 질문하고 탐구하고 있는가?,
- 고객이 자신의 세계를 어떻게 인지하는지를 묻고 탐구하고 있는가?

들으려 하지 않는 사람에게 말하기를 좋아하는 사람은 없다.
화살은 결코 돌에 꽂히지 않는다.
그것은 때로 그것을 쏜 사람에게로 도로 튀어 간다.

- 제롬

2. 질문하기

1) 질문의 개념

인간은 누구나 자신의 내면에 성장 · 발전의 욕구와 자신의 한계를 뛰어넘을 수 있는 초월의 욕구를 가지고 있다. 질문은 이러한 내면에 잠재되어 있는 욕구를 의식으로 끌어올리는 역할을 한다. 왜냐하면 누구나 질문을 받으면 답을 해야 한다는 것을 알기 때문에 그 질문에 답하기 위해서 자신의 내면에 집중하게 되고 자신만의 방법을 찾으려고 노력하기 때문이다.

간혹 누군가에게 질문하거나 설명해 주는 것을 의사소통이라고 생각할 때가 있다. 물론 일반적인 질문은 상대방에 대한 정보를 얻기 위해 탐색하거나 관심과 애정을 표현하는 수단으로 사용하지만 코칭적 질문은 단순한 의사소통의 차원을 넘어 강력한 힘을 갖고 있다. 질문한 내용에 대해 깊이 생각하게 함으로써 스스로 정확한 문제의 답을 찾게 하기 때문이다. 그래서 질문은 어두운 바다의 등대와도 같다. 적절한 질문은 방향을 몰라 헤매거나 정체되어 있는 것을 행동하게 하고 강력한 질문은 자신의 긍정적 경험에서 리소스를 찾아 원하는 방향으로 갈 수 있도록 한다.

이를 정리해 보면 다음과 같다(한국코칭학회, 2018).

- 코칭 질문은 단순한 의사소통의 차원을 넘어 강력한 힘을 갖고 있다.
- 질문한 내용에 대해 깊이 생각하게 함으로써 고객 스스로 정확한 문제의 답을 찾게 한다.
- 질문은 코치와 고객과 함께하고 고객 스스로 자신을 성장시킬 수 있는 에너지와 행동계획을 세울 수 있는 동기를 부여한다.

질문은 우리가 상상하는 것 이상으로 강력한 도미노 효과를 유발한다.
우리가 부딪히는 한계에 대해 제기하는 질문은 삶의 장벽들(비즈니스, 대인관계 그리고 국가 간의 장벽)을 무너뜨린다.
모든 인간의 진보가 새로운 질문에서 비롯된다.

- 앤서니 라빈스, 네 안의 잠든 거인을 깨워라.

2) 질문의 특징

질문은 상대와 함께하고, 스스로 자신을 성장시킬 수 있는 에너지와 행동계획을 세울 수 있는 동기를 부여한다. 질문을 통해서 자신의 내면에 있는 충분한 자원과 역량을 발견하고 새로운 에너지를 충전받을 수 있는 기회를 제공받을 수 있다.

강력한 질문은 문제보다 원하는 목표를 이룰 수 있도록 행동하게 하므로 미래지향적이다. 그렇기 때문에 설명하고 가르쳐 주지 않아도 스스로 설정한 한계에 도전하고 선택의 가능성을 열어준다. 내가 선택한 것만이 끝까지 하고자 하는 욕구와 끝까지 밀고 나가는 에너지가 생기기 때문이다.

좋은 질문은 질문 자체만으로도 자신을 돌아보게 하고, 자신 안에 있는 어려운 가능성을 찾아보게 하며, 자신이 지금부터 해야 할 목표와 행동을 생각하게 한다. 자신이 원하는 것에 대해 더욱 깊이 생각하고, 스스로 자신의 문제를 해결할 수 있다는 자신감과 성취감을 느낄 수 있도록 돕는 것이 좋은 질문이다.

이러한 질문의 효과를 정리해 보면 다음과 같다(한국코칭학회, 2018).

- 질문은 내면의 답을 이끌어 문제해결의 가능성을 도출할 수 있다.
- 질문은 외적인 것에서 자신의 내면을 탐색하도록 돕는다.
- 질문은 우리의 뇌를 깨워 생각하게 한다.

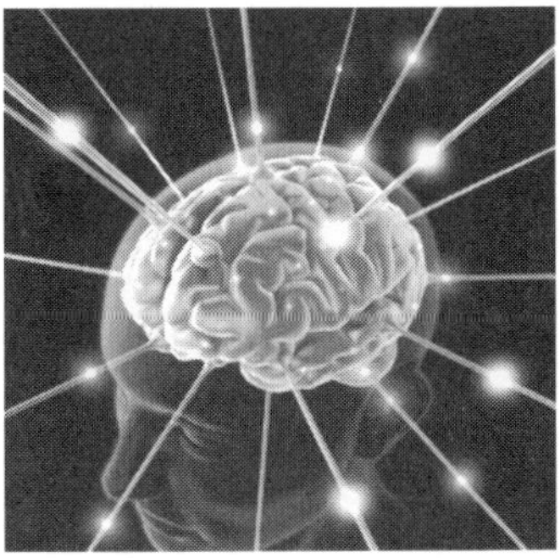

〈표 3-2〉와 같이 말하는 것과 질문하기는 각각의 장점을 지니고 있다. 특히 말하기는 신속하고 정확하고 말하는 사람의 파워를 가진 듯이 느끼게 한다. 즉, 리더로서 에고(ego)를 충족할 수 있다. 그래서 사람들은 말하기를 더 선호하는 듯하다. 그러나 질문을 하면 신뢰감을 주고, 장기적으로 행동개선이 가능하다. 그 이유는 왜 그래야 하는지를 이해하게 되는 생각의 변화가 일어나기 때문이다.

〈표 3-2〉 말하는 것과 질문하는 것에 대한 비교

말하는 것	질문하는 것
• 신속하다 • 옳은 답/컨트롤이 가능하다. • 쉽다. • 간단하다. • 리더의 에고 충족 등이 가능하다.	• 신뢰감을 준다. • 다양한 아이디어, 방법을 찾게 한다. • 자존감, 임파워해 준다. • 장기적인 발전 및 의식을 높인다.

3) 질문의 종류

질문은 세 가지 길을 제공한다. 내면에 숨겨져 있는 잠재력과 가능성을 끌어내고, 변화를 위한 스위치를 찾아내며 창조적 아이디어와 새로운 선택을 끌어낸다.

질문에 있어서도 여러 가지 종류가 있는데 개방적인 질문, 가설적인 질문, 기적 질문, 해결 질문으로 나누어 볼 수 있다(도미향, 2007a).

(1) 개방적인 질문

그 일을 하면서 무슨 색다른 경험을 했나요? 그에 관해 어떻게 생각하나요? 당신의 의견은 어떤가요? 그 원인이 어디에 있다고 보나요? 그 점을 어떻게 판단하나요? 지금 우리가 해결해야 할 문제는 무엇이라고 생각하나요? 무슨 일이 있었나요? 이 주제에 관해 설명해 줄 수 있나요? 등의 질문을 활용할 수 있다.

❍ 폐쇄적인 질문과 개방적인 질문 연습

폐쇄형 질문	개방형 질문
• 숙제 많다더니 숙제는 했어? 안 했어? • • •	• 그 많은 숙제를 어떻게 해결했어? • • •
• 코치에게 의존이 생김 •	• 스스로 계획하고 행동하게 함 •

(2) 가설적인 질문

그래도 그 일을 시작한다고 가정해 봅시다. 최악의 경우 어떤 일이 일어날 것 같나요? 만약 한 번쯤 부모님과 솔직히 마음을 털어놓고 이야기한다면 어떤 일이 일어날 것 같나요? 그 일이 가능하다고 한 번 상상해 보세요. 그 뒤에는 어떻게 될까요? 벌써 그 일이 일어났다고 한 번 상상해 보세요. 그 뒤에는 어떻게 될까요? 당신이 만약 자녀의 입장이라면 그런 경우에 어떻게 대응했을까요? 라는 질문을 사용할 수 있다.

(3) 기적질문

"어젯밤에 기적이 일어나 그 문제가 해결되었다고 상상해 봅시다."

아침에 일어나면 무엇을 보고 상황의 변화를 감지할까요? 무엇이 달라질까요? 라고 질문한다.

"어젯밤에 기적이 일어나 그 문제가 해결되었다고 상상해 봅시다."

아침에 일어나면 무엇을 보고 상황의 변화를 감지할까요? 무엇이 달라질까요?

또한 미래에 관한 기적질문도 가능하다. "당신이 만일 빌 게이츠라면 어떤 일을 하실 수 있을까요?", "당신이 복권에 1등 당첨이 된다면 하시고 싶은 일은 어떤 것들인가요?"라고 질문할 수 있다.

(4) 긍정적인 질문

긍정적인 질문은 행동을 이끄는 질문이고, 긍정형의 단어가 포함된 질문이다. 그리고 감정에 활력을 부여하여 구체적인 행동을 할 수 있도록 에너지 레벨을 높여주는 질문이다. 부정적인 질문은 위축되고, 실천하기 어려운 생각으로 고객을 이끌게 되고, 에너지 레벨이 낮아지게 된다. 코치는 당연히 긍정적인 질문을 사용해야 할 것이다.

❍ 부정 질문과 긍정 질문 연습

부정 질문	긍정 질문
• 오늘 기분 나쁘니? • • •	• 오늘 무슨 일 있었니? • • •
• 부정적 감정을 이끎 •	• 자신의 감정을 표현하도록 함 •

(5) 미래지향적인 질문

미래지향적인 질문은 고객의 동기를 이끄는 질문이다. 미래형의 단어가 포함된 질문으로 미래의 행동과 가능성에 초점을 맞춘 질문으로 희망을 가질 수 있도록 도와주는 질문이다. 과거의 성장 배경과 특히 유년기의 경험 등을 바탕으로 하는 정신분석적 접근인 상담, 심리치료와는 달리 코칭은 미래지향적인 질문을 주로 한다. 차 운전에 비교한다면 과거는 후진에 해당된다고 할 수 있다. 결국 운전 시 후진은 거의 하지 않기에 나머지 시간은 다 목적지를 향해 직진한다. 코칭도 이처럼 과거에 머물기보다는 현재에서 미래로 나아가는 질문을 주로 한다.

❍ 과거 질문과 미래 질문 연습

과거 질문	미래 질문
• 잘못된 이유가 뭐라고 생각해? • • •	• 어떤 부분이 달라지면 지금과 다른 결과가 나올까? • • •
• 의기소침하게 됨 •	• 새로운 해결책을 고민함 •

(6) 해결질문

질문을 할 때 코치는 고객의 생각을 끌어내기 위한 지렛대 역할로서 혹은 잊고 있는 가능성을 이끌어 내는 질문을 하여야 하며 미처 헤아리지 못한 다각적 측면을 볼 수 있도록 질문할 수 있다. 코치의 생각을 유도하거나 강요해서는 안 된다. 다음과 같은 점을 고려하여 코칭질문을 하는 것이 적절하다.

"방금 이야기한 그 문제는 글로 적고 제목도 달 수 있겠죠. 그런데 지금 저의 관심은 그 문제의 해결책입니다. 그 해결책에는 어떤 제목을 달 수 있을까요?"라고 질문하는 것이다.

(7) 관점을 바꾸어주는 질문

관점을 열어주는 질문들은 고객이 현재 상황을 넘어 새롭게 탐구하거나 자신의 생각 방식을 확장하도록 돕는 것이다. 나의 패러다임에서 상대방 패러다임으로 바라보는, 한계를 무너뜨리기 위해 할 수 있는 강력한 질문이다.

"만약 당신이 친구 입장이라면 당신은 이 상황에 대해 뭐라고 말할 건가요?"

"이 점에 대해 상대방은 어떻게 생각하고 계실까요?"

"그 분은 당신을 어떤 사람이라고 할까요?"

"그 분은 이 상황을 뭐라고 이야기할까요?"

그리고 고객이 원하는 결과를 떠올리면서 현재의 한계를 넘어서도록 전문가의 의견을 빌려오게 할 수도 있다.

"5년 후 당신이 원하는 모습을 상상해 보세요. 그때 자신이 현재의 나에게 어떤 말을 해 주고 싶은가요?"

"1주일 전(한 달 전, 1년 전, 10년 전)의 고객님은 이것(문제, 목표, 상황, 사람)에 대해 어떤 생각을 갖고 계셨었나요?"

"이 상황에 대해 주님께서는(혹은 하느님은) 어떻게 바라보실까요?"

"당신이 가장 존경하는 사람을 생각해 보세요. 그 분의 입장에서 이 상황을 본다면 뭐라고 하실까요?"

4) 질문의 코칭적 접근

질문을 할 때 코치는 고객의 생각을 끌어내기 위한 지렛대 역할로서 혹은 잊고 있는 가능성을 이끌어 내는 질문을 하여야 하며 미처 헤아리지 못한 다각적 측면을 볼 수 있도록 질문할 수 있다. 코치의 생각을 유도하거나 강요하여서는 안 된다. 다음과 같은 점을 고려하여 코칭 질문을 하는 것이 적절하다.

① 해결책을 스스로 찾는데 도움이 되는 질문을 한다.

② 코치가 생각한 결론으로 이끄는 질문은 피한다.

- '대답 및 결론'은 고객의 몫으로 남겨둔다.
- '예', '아니오'로 대답할 수 있는 폐쇄적 질문은 가능한 한 피한다.
- 지니고 있는 의문을 전부 풀어줄 필요는 없다.
- 판단, 비난, 평가가 들어가지 않은 중립적인 언어를 사용한다.
- 해결방법을 제시하거나 해결방안으로 이끌어 가지 않는다.
- 사실에 초점을 맞춘다.

3. 피드백하기

1) 피드백의 개념

피드백이란 말하고자 하는 것을 적절한 시기에 간결하고 중립적인 언어로 바꾸는 것을 의미한다(도미향, 2008). 중립적 언어로 주어지는 피드백은 코치가 고객으로 하여금 현재의 상태에서 문제의 돌파구를 보다 쉽게 찾을 수 있도록 도울 수 있으며, 고객의 기존 패러다임을 전환시키고 코치의 통찰을 고객이 공유할 수 있게 된다. 즉, 코치는 알고 있지만 고객은 알지 못하는 정보를 제공해 줌으로써 고객이 문제를 해결할 수 있도록 하는 기술이다. 정보제공은 다음과 같은 상황에서 효과적이다.

첫째, 고객이 문제해결에 필요한 정보를 알지 못할 때
둘째, 고객이 새로운 것에 관심을 가지거나 알고 싶어할 때
셋째, 고객이 정보를 가질 경우 더욱 행동이 명확해질 때

2) 피드백의 효과

피드백은 해답을 찾지 못하고 정체되어 있을 때 정체된 것을 뚫어주는 역할을 한다. 피드백이 효과가 있으려면 중립적 언어를 활용하여 간단명료하고, 객관적으로 변화하고자 하는 것에 초점을 맞추어 제공한다. 피드백의 효과는 다음과 같다.

- 고객이 정확하게 자기의 행동과 실제 결과의 차이를 알 수 있도

록 한다.

- 자신의 책임하에 선택할 수 있는 부분을 알 수 있도록 돕는다.
- 고객의 현재의 상태에서 문제의 돌파구를 찾을 수 있도록 돕는다.
- 고객의 기존 패러다임을 전환시킨다.
- 고객의 통찰을 고객이 공유하고 변화할 수 있도록 한다.
- 코치가 고객이 충분히 할 수 있는 것에 대한 정보를 제공한다.

3) 피드백의 중립적 언어

피드백은 코치가 고객의 사고와 행동의 진전을 위해 간단명료하고 안전한 중립언어를 사용하여 제공한다. 중립언어는 코칭의 자기중심성과 비난, 비판, 평가가 배제된 언어로 사실에 초점을 맞춤으로써 코치와 고객 모두에게 안전한 객관적인 언어이다.

❍ 비중립언어와 중립언어 연습

비중립언어	중립언어
• 그건 아닌 것 같은데 성공하기 어렵겠어. • • •	• 기대하는 결과가 무엇인가? • • •
• 상처, 마음에 오래 남음 •	• 객관적으로 문제를 바라봄 •

4) 피드백의 코칭적 접근

피드백의 형식은 요청하기(requesting), 확인하기(identification), 정보제공(informing)이 있다. 요청하기란 본인이 느끼는 한계를 무너뜨리도록 지원하는 것이다. 확인하기는 의도와 행동의 불일치에 대해 확인함으로써 목표를 향하여 나아가는 것을 지원하는 것이다. 정보제공은 적절한 시기에 정보를 제공함으로써 패러다임 전환이 일어날 수 있도록 지원하는 것이다.

피드백의 방법은 다음과 같다.

첫째, 간결한 질문이나 문장으로 나타낸다. 장황하게 설명하지 않는다.

둘째, 중립적 언어로 표현한다.

셋째, 코치의 감정이나 의도를 배제한 메시지로 전환하여 전달한다.

여기에서 중립언어란 고객의 의도와 생각에 초점을 맞춘 미래 가능성을 도출할 수 있는 객관적인 언어를 의미한다. 중립언어로 피드백을 시행할 때 주의할 점은 다음과 같다.

첫째, 비난, 불평, 충고를 하지 않으며 잘못됨을 말하지 않는다.

둘째, 판단, 평가하지 않는다.

셋째, 코치의 생각, 주장을 버린다.

넷째, 코치는 고객이 스스로 문제를 발견하고 해결방안을 찾도록 이끈다.

다섯째, 코치의 경험에 초점을 맞춘다.

Practice ACTIVE 대화모델에서의 피드백기술 집중 연습

1. 3인 1조로 한 사람은 코치, 한 사람은 고객, 한 사람은 관찰자를 한다.
2. 20분 코칭하고 5분간 피드백한다.
3. 관찰자는 코치의 피드백기술(중립언어, 지시, 정보주기 등)을 기록하고 피드백한다.
4. 고객은 코치의 피드백기술에 피드백한다.
5. 코치는 피드백을 종합해서 앞으로 어떻게 변화할지에 대해 이야기한다.
6. 순서를 바꿔서 진행한다.

4. 인정 · 칭찬하기

1) 인정 · 칭찬의 개념

인간은 누구나 무한한 가능성을 가진 존재이고, 항상 자신의 욕구와 의도, 경험을 기반으로 스스로 최선의 선택을 한다. 인정 · 칭찬은 상대방의 의욕을 이끌어 냄으로써 자신이 원하는 목표를 이루기 위해서 움직이는 엔진의 윤활유와 같다. 윤활유가 많으면 많을수록 우리는 보다 부드럽게 목표를 향해 항해할 수 있다.

인간은 자신이 노력한 것을 누군가가 알아보고 인정해 주고 칭찬해 줄 때 더욱 더 발전할 수 있으며 자신의 가치를 다른 사람을 통해 발견하게 된다. 그렇기 때문에 칭찬은 인간관계에 있어서 촉매제의 역할을 한다고 할 수 있다. 또한 인정과 칭찬은 좋은 인간관계를 만들어 줄 뿐 아니라 사람의 좋은 자질을 이끌어 내는 놀라운 힘을 갖고 있다. 칭찬은 칭찬받는 사람에게 잠재되어 있는 좋은 자질이나 능력과 아울러 좋은 성품을 이끌어 내기 때문에 원만하고 효과적인 인간관계를 영위하는 데 큰 도움을 준다. 칭찬을 성공적으로 활용하기 위해서는 주위 사람들의 긍정적인 면을 발견해 내는 데 관심과 노력을 기울여야 한다. 그리고 칭찬의 방법을 배울 필요가 있다. 다음은 칭찬하는 방법을 기술한 것이다.

- 행동과 결과와 미치는 영향에 대해 구체적으로 말한다.
- 잘하는 순간을 포착하여 즉각적으로 한다.

- 상대방의 입장에서 한다.
- 긍정적인 면에 초점을 맞춘다.
- 결과가 아닌 과정을 칭찬한다.
- 감정을 함께 공유한다.

2) 인정 · 칭찬을 위한 전제

인생의 최대 목표는 행복에 있다. 행복의 크기와 기준은 60억 인구 개개인이 다 다르다. 그러나 행복은 모든 일을 긍정적으로 봐야 한다는 점에서는 공통적이다. 우리를 변화시키고 발전시키는 것은 우리 안에 있는 긍정성이기 때문이다. 어떤 사람은 많은 것을 가지고도 부족한 한 가지에 집착하는 사람이 있고, 어떤 사람은 한 개를 가지고도 한 개나 있다고 생각한다. 앞의 부정적인 사람은 부족한 것을 갖기 위해 부족한 것에만 초점을 맞추기 때문에 만족할 수 없고, 가진 것에 감사할 수 없으므로 결코 행복할 수 없다. 행복의 길로 가는 변화의 시작은 긍정적인 생각을 갖는 것이다.

긍정적 생각에서 나오는 긍정언어는 감정에 에너지를 불어넣고, 그 에너지는 뇌에 긍정적 에너지를 전달하여 뇌를 활성화시킨다.

부정적인 생각과 언어를 사용하는 사람은 행복감을 느끼기가 쉽지 않다. 또한 상대로부터 부정적인 암시를 자주 받는 사람도 행복하기 어렵다. 부정적인 암시를 자주 받는 사람은 자신도 모르는 사이 뇌에서 되새기는 활동을 하게 되고, 이것은 경직된 행동과 사고로 나타나 결과적으로 부정적인 결과를 만들게 된다. 또한 상대가 긍정적이고 지지적일수록 긍정적으로 자신을 바라보며 어떤 어려운 환경에서도 자신을 믿고 대처해 나갈 수 있으나, 반대로 부족한 부분을 지적받은 사람은 자신에 대해 늘 부정적이고 비판적이며 자신의 가능성에 대해 제대로 바라볼 수 없게 된다. 그러면 긍정적으로 생각하고 바라볼 수 있는 구체적인 방법을 알아보자.

첫째, 강점을 찾는다. 강점은 현재 관심과 흥미, 집중을 하는 영역에 있기 때문에 쉽게 드러난다. 그러나 우리는 그동안 배운 교육, 경험, 자신의 가치 등을 통하여 다른 사람을 바라보고 평가한다. 즉, 자신의 패러다임으로 다른 사람을 보면 강점은 보이지 않는다. 강점은 그 사람 입장에서 봐야 강점으로 보인다. 강점이 하나도 없는 사람은 없다. 강점에 대한 격려와 지지는 상대로 하여금 유능감과 성취감을 느끼도록 하며 궁극적으로 자신의 잠재력을 개발할 수 있다. 강점 안에 잠재능력이 숨어 있다.

둘째, 인간의 행동에는 언제나 긍정적인 의도가 있다.

인간은 누구나 자신에게 있어서 최선을 선택한다. 그렇기 때문에 어떤 행동에도 반드시 긍정적인 의도가 있다는 것을 깨닫게 되고 내가 나쁘다고 생각한 행동도 그 사람 입장에서 긍정적 의도를 찾게 되면 그 행동을 받아들일 수 있게 되고, 그 사람을 대하는 방법도 달라진다.

셋째, 긍정적인 면을 발견하고, 수용할 수 있도록 한다. 자신의 긍정적인 면을 발견하게 되면 나는 할 수 있다는 강한 내적 신념이 생기게 된다.

활동 4-1 내 생애 최고의 찬사(지금까지도 가슴 뛰는 말)

당신 생애 최고의 찬사로 기억되는 말을 액자에 쓰듯이 크게 쓰고, 그 말을 들었을 때 느껴졌던 감정과 행동에 대해 적어 보세요.

3) 인정 · 칭찬의 언어

인정 · 칭찬은 고객으로 하여금 구체적이고 적극적으로 행동할 수 있는 힘을 부여함으로 감정에 활력을 넣어주고 적극적인 행동 에너지를 일으켜 최고의 잠재능력을 개발할 수 있도록 해주는 긍정언어를 활용한다. 긍정언어는 우리의 사고, 마음, 행동에 긍정적 영향을 미친다.

❍ 긍정언어 연습

• 알고 있는 긍정언어를 모두 쓰세요.
• 알고 있는 부정적인 언어를 모두 쓰세요.
• 위에 기록한 부정적인 언어 중 자주 쓰는 부정언어를 긍정언어로 바꿔 보세요.

4) 인정 · 칭찬의 코칭적 접근

- 코칭받는 사람에게 초점을 맞춘다.
- 시기적절하게 진심으로 말한다.
- 구체적인 기여, 학습, 행동을 명확히 한다.
- 개인적으로 기여한 것과 강점을 명확히 한다(가치에 대한 인정).
- 대화의 긴장을 풀어주기 위해 사용한다.

Practice **ACTIVE 대화모델에서의 인정기술 집중 연습**

1. 3인 1조로 한 사람은 코치, 한 사람은 고객, 한 사람은 관찰자를 한다.
2. 20분 코칭하고 5분간 피드백한다.
3. 관찰자는 코치의 인정기술(진정성, 표정, 긍정적 언어 등)을 기록하고 피드백한다.
4. 고객은 코치의 인정으로 에너지의 변화(긍정적 또는 부정적)에 대해 피드백한다.
5. 코치는 피드백을 종합해서 앞으로 어떻게 변화할지에 대해 얘기한다.
6. 순서를 바꿔서 진행한다.

창의성과 코칭유형검사

chapter 05

05 chapter 창의성과 코칭유형검사

1. 창의성과 코칭유형검사의 의미

1) 창의성검사의 의미

21세기는 새로운 부가가치 창출능력의 중요성이 강조되는 창의기반 사회이다. 창의성은 현대인이 갖추어야 할 대표적 특성 중 하나이며 유요한 것을 산출해내는 정신적 능력이다. 최근 창의성은 교육계 및 사회 전반에서 그 중요성이 강조되고 있는데 그것은 학교성적, 표준화된 성취도검사 혹은 지능검사보다 개인의 미래를 예측하는 중요 변수로 밝혀지기 때문이다. 이러한 사회적 요구의 변화는 꾸준하게 이루어져 왔던 창의성에 대한 연구들이 최근 양적으로나 질적으로 엄청나게 증가하여 인간에 대한 연구의 중요한 주제가 됐다(Kaufman, Kaufman, & Lichtenberger, 2011).

창의성은 창의적 환경과 창의적 능력 및 창의적 성향이 상호작용을 통해 발현된다. 1950년대 이후 창의성에 대한 연구가 양적으로 증가하면서 창의적 인간, 창의적 과정, 창의적 산물, 창의적 환경의 4P의 관점이 주도적이었다. 그러나 1990년 이후의 연구를 보면 이렇게 단편적 관점으로 창의성을 이해하는 것은 한계가 있다고 지적한다. 따라서 현대의 창의성에 대한 이해는 창의적 환경, 창의적 능력, 창의적 성향 등이 상호작용하여 발현되며 이러한 과정에 영향을 미치는 요인으로 가정, 학교, 친구들의 상호작용으로 나타나는 지지적 환경에 기반하여 창의적 능력과 성향이 안정적으로 나타난다(Sternberg & Lubart, 1996).

창의성검사 영역의 오래된 이슈 중 하나는 확산적 사고검사이다. 많은 연구자들은 이러한 확산적 사고의 고전적 측정이 현실적이지 않고 인위적이라는 점에 주목하였고 대안적 검사로서 창의적 은유검사이다(Silvia & Beaty, 2012). 은유란 말하기와 쓰기의 창의성을 평가하는 가장 대표적인 글쓰기 형태이다. 은유적 사고를 한다는 것은 창의적 사고과정을 수행하는 것이다. 창의적 은유를 생성하기 위해서는 유창성, 융통성, 독창성이 요구되며 풍부한 지식과 경험, 그리고 유추 및 추론 능력이 요구된다.

창의성검사로는 Torrance의 창의성검사(TTCT), 그림창의성검사(TCT-DT, test for creative thinking-drawing production), 유아창의성검사(K-CTC), 유아도형창의성검사(K-FCTYC), 유아종합창의성검사(K-CCTYC) 등이 있다.

2) 코칭유형검사의 의미

코칭은 개인과 조직을 다방면에 걸쳐 향상되도록 돕고자 한다. 이를 위해 심리측정 검사도구가 사용된다. 검사를 통해 한 개인과 조직에 대한 신뢰할 만한 프로파일을 제공해 준다는 점에서 창의성 측면이나 코칭상황에서도 검사가 유용하게 사용된다. 이러한 검사는 사람들이 지닌 심리적 차이의 다방면을 객관적으로 측정하며 개인의 성격, 동기, 가치관, 관심 등 여러 측면을 측정할 수 다양한 검사들이 존재한다.

좋은 심리검사를 적절히 사용한다면 고객이 자기에 대한 성찰과 이해를 잘 할 수 있도록 돕고자 하는 코치들에게 검사는 매우 유용한 도구가 된다. 따라서 코치들은 다양한 검사에 대한 이론적, 심리측정학적 배경을 잘 알고 있어야 하며 적절한 검사를 상황에 따라 전문적으로 다룰 수 있도록 훈련되어야 한다. 또한 코칭할 때 검사의 윤리적 문제에 대해서도 인지하고 있어야 하며 필요한 지식과 자격요건을 갖추어야 한다.

코치들이 활용할 수 있는 검사도구로는 16PF(다요인인성검사), Hogan Personality Inventory & Hogan Development Survey(인재개발검사), California Personality Inventory(인성검사), SCW(직무역량검사), MSCEIT (정서지능검사), NEOPI, OPQ(직업성격검사), MQ(동기부여검사), LSI(라이프스타일검사) 그리고 특히 가장 인기 있는 도구로서 에니어그램과 MBTI가 있다(도미향 외 역, 2020).

검사는 실질적으로 통찰과 진단을 가능케 한다. 검사를 통해 얻어진 정보는 코칭이 성공하거나 실패했을 때 그 원인과 과정을 이해할 수 있게 해준다. 검사를 통해 얻어진 정보는 코칭 과정을 진행하기 위한 초석이며 기초일 뿐 종착지가 되어서는 안 된다.

검사를 통해 언어추론, 수학적 사고, 공간지각 능력 등 인지능력을 체크할 수 있고, 외향성, 개방성, 우호성, 성실성 등 성격적 측면을 체크할 수도 있으며, 업무만족도, 소속감, 창의성 등 전문적인 측면을 체크할 수도 있다.

본 장에서는 창의성검사 중 그림창의성검사(TCT-DP)와 Torrance의 TTCT 창의성검사(Torrance tests of creative thinking: TTCT)에 대해 알아보고, 코칭 검사들 중에서는 코칭 상황에서 많이 사용되고 있는 검사인 DISC, PCSI에 대해 살펴보고자 한다.

2. 창의성검사의 유형

1) 그림창의성검사(TCT-DP)

그림창의성검사는 종이에 그려진 6개의 서로 다른 미완성 도형조각, 즉 반원(semi-circle), 점(point), 큰 직각(large right angle), 곡선(curved line), 점선(broken line), 작은 열린사각형(small open square)을 이용해서 새롭고 독창적인 그림을 완성하는 것으로 유아에서 성인에게까지 넓은 연령범위에 걸쳐 사용된다(Jellen & Urban, 1986). 그림 창의성검사는 개인 또는 집단으로 실시될 수 있으며, 약 15분이 소요되고 11가지의 평가준거에 의해 평가 측정된다.

(1) 그림창의성검사의 평가준거

- 계속성(Cn: continuation): 주어진 여섯 개의 서로 다른 도형조각 각각을 계속 연장하거나 확장하여 이용하는 정도를 측정(0-6점).
- 완성도(Cm: completion): 점, 선, 형태 등을 사용하여 주어진 여섯 개의 도형조각을 완성한 정도를 측정(0-6점).
- 새로운 요소의 첨가(Ne: new elements): 주어진 여섯 개의 도형조각과는 독립적으로 새로운 도형, 상징 및 요소를 첨가한 정도를 측정(0-6점).
- 선으로 연결(Cl: connections with a line): 주어진 여섯 개의 도형조각, 첨가된 요소와 다른 요소간의 선으로 연결된 정도를 측정(0-6점).
- 주제구성(Cth: connections made to produce a theme): 주제 또는 형태(gestalt)의 구성에 관련된 요소의 정도를 측정(0-6점).
- 사각 테두리 밖의 도형 사용(Bfd: boundary breaking that is fragment dependent): 사각 테두리 밖의 주어진 도형을 계속 연장하거나 확장하는 도형의 이용 유무 측정(0-6점).
- 조망/원근법(Pe: perspective): 평면(2차원)의 도식을 깨뜨리는 정도, 즉 3차원의 그림을 표현한 정도를 측정(0-6점).
- 유머(Hu: humor): 유머러스한 반응을 유도하는 정도를 측정(0-6점).
- 속도(Sp: speed): 그림을 완성하는 데 소요되는 시간을 측정(0-6점).
- 비통상성(Uc: unconventionality): 관습을 벗어난 정도를 네 가지 측면에서 측정.

- Uc-a: 종이의 방향을 바꿔서 그리는 등 재료의 교묘한 조작여부 측정
- Uc-b: 초현실적, 허구적 또는 추상적인 주제나 요소의 유무를 측정
- Uc-c: 상징 또는 기호를 사용한 정도를 측정
- Uc-d: 주어진 여섯 개의 도형조각 중 비 전형적으로 사용한 정도를 측정

2) 토런스의 TTCT 창의성검사

TTCT 창의력검사(Torrance tests of creative thinking: TTCT)에서 Torrance가 말하는 창의력(Creative thinking abilities)이란 창의적인 성취를 수행할 때 작용한다고 생각되는 일반화된 정신능력들의 집합(the constellation of generalized mental abilities)이다.

Torrance의 창의력검사(TTCT)는 개인의 창의적인 능력을 확인하고 이를 개발하고 교육하기 위한 목적으로 개발되어 전 세계적으로 가장 많이 연구되고 활용되고 있다.

이 검사에는 언어검사(Thinking Creatively with Words, TTCT : Verbal)와 도형검사(Thinking Creatively with Pictures, TTCT : Figural)의 두 종류가 있고 이들 각각에는 다시 A형과 B형이 있다.

TTCT 언어검사에는 3개의 하위요인(유창성, 융통성 및 독창성)이 있고, 6개의 과제 활동으로 구성되어 있다.

TTCT 도형검사에는 5개의 하위요인(유창성, 독창성, 제목의 추상성, 정교성, 성급한 종결에 대한 저항)과 3개의 과제활동으로 구성되어 있다.

(1) TTCT 언어검사

TTCT 언어검사는 단어와 같은 언어적인 재료를 사용하며 6개의 활동이 있고 여기에서의 반응을 기초로 하여 3개의 하위요인별 점수와 전체 점수를 산출한다.

① 활동 1(질문하기) : 1~3활동은 동일한 하나의 그림을 제시하여 사용하며, 다소 애매하고 모호하게 제시하는 그림을 보고 거기에서 어떤 일이 일어나고 있는지를 확실히 알기 위하여 물어보아야 할 질문들을 가능한 한 많이 나열해 보게 한다.

② 활동 2(원인추측하기) : 그림에서 일어나고 있는 일이 벌어지기 이전에 일어났을 것 같은 가능한 원인들을 할 수 있는 대로 많이 나열해 보게 한다.

③ 활동 3(결과추측하기) : 그림에서 일어나고 있는 일의 결과로 앞으로 일어날 가능성이 있어 보이는 것들을 할 수 있는 대로 많이 나열해 보게 한다.

④ 활동 4(작품 향상시키기) : 장난감 코끼리를 스케치한 그림을 보여주고 이것을 아이들이 보다 더 재미있게 가지고 놀 수 있는 것으로 바꾸거나 고쳐 만들 수 있는 방법들을 가능한 대로 많이 나열해 보게 한다.

⑤ 활동 5(빈 마분지 상자의 독특한 용도): 빈 마분지 상자를 재미있게 그리고 독특하게 사용할 수 있는 용도들을 할 수 있는 대로 많이 나열해 보게 한다.

⑥ 활동 6(가상해 보기) : '(vi 활동 가상해 보기 구름에 달려 있는 많은 줄들이 아래로 땅위 지면까지 늘어뜨려져 있다고 가상하게 한다. 그리

고 만약 이러한 불가능한)' 장면이 실제로 일어난다면 어떤 일들이 일어날 것 같은지를 추측해서 많이 나열해 보게 한다.

(2) TTCT 도형검사

도형검사는 시각적인 도형을 사용하는 검사이다. 도형검사에는 유창성, 독창성, 추상성, 정교성 및 성급한 종결에 대한 저항 등의 규준 관련의 5개 하위 요인이 있고 준거 관련의 창의적 강점에 13개 항목들의 문항이 있다.

① 활동 1(그림 구성하기) : 곡선 모양의 형태를 하나 제시하고 이것이 일부가 되는 어떤 그림이나 물건을 그려 보게 한다. 그리고 거기에다 아이디어를 계속 더하기 하여 재미있는 이야기의 내용이 되게 한다. 그림을 완성하면 거기에 대하여 그럴듯한 제목을 적어 넣게 한다.

② 활동 2(그림 완성하기) : 10개의 불완전한 도형을 제시하고 이들을 가지고 될 수 있는 대로 이야기가 완전하고 재미있는 물건이나 그림을 그리게 한다. 그런 다음 그런 그림에 대한 제목을 빈칸에다 적어 넣게 한다.

③ 활동 3(원-선 그리기) : 쌍을 이루고 있는 두 개의 직선으로 된 세트를 제시하고 있는데 거기에다 선을 직선이든 곡선이든 관계없이 더 그려 넣어 어떤 물건이나 그림을 될 수 있는 한 많이 그려 보게 한다. 그림은 할 수 있는 한 완전하고 재미있는 이야기의 내용이 되게 한다. 그린 그림에 대하여 이름이나 제목을 적어 넣는다.

3. 코칭검사의 유형

1) PCSI

(1) PCSI의 개념

PCSI(personal coaching style inventory)는 개인, 그룹, 프로젝트 등 다양한 관계들 속에서의 더 좋은 상호작용을 하도록 돕기 위한 도구이다(https://www.coachu.com/Resources/PCSI).

PCSI는 미국 텍사스 주에 위치한 Coach Workshop international의 L. Smith와 J. Sandstoam에 의해 개발되었다. 모두 4개의 의사소통 유형으로 구성되어 있고, 이것은 맞거나 틀리다의 의미가 아니라 모든 사람은 각각의 유형을 가진다는 것을 의미한다. 이를 통해 왜 인간 개개인이 그러한 방식으로 의사소통을 하는지, 다른 사람과의 접촉에서 어떻게, 어떤 방식으로 라포를 형성하면 보다 효과적일지에 대해 이해할 수 있도록 돕는다(http://coachworks.com).

PCSI는 사람들이 어떻게 규칙적으로 피드백을 주고받고, 의사소통하고 코칭하는지 보여주는 평가도구이다. 자신의 스타일을 인식하고 의식적으로 다른 스타일을 가진 사람들을 코칭하는 방법을 알려주기 위해 개발된 최초의 코칭도구이며, 신속하고 쉽게 사용할 수 있고, 쉽게 일상화시킬 수 있다(한국코칭센터, 2002).[4]

---

4) 출처: www.motivecoaching.com/pcsi.php

(2) PCSI의 특성

① D형(Directing: 지시형)

D형은 30%의 사람들이 해당된다. 이들은 지배하기를 좋아한다. 결과 지향적이고 가능성을 생각한다. 새롭고 위험한 도전을 즐겨하며 신속하게 목표를 정하고 목표달성을 위해 열심히 노력한다. D형에게는 지배하는 것이 가장 중요하다. 자주 리더로 선출되며 다른 사람들이 만든 규칙에 맞서거나 자신의 길을 개척하는 것을 좋아한다.

D형은 그들의 관점에서 전략적 우위를 생각하고 경쟁에서 이기는데 역점을 둔다. 오랫동안 열심히 일한다. 사람들은 D형이 추진력이 강하고, 좋은 리더의 자질이 있고, 단정적이고 거리낌 없다고 말한다.

② P형(Presenting: 사교형)

P형은 20%의 분포를 보인다. 중요한 사람들을 모두 안다. 언제든 어느 사람이건 어떤 주제에 관해서건 이야기하기를 좋아한다. 생기있고, 활력이 넘치고, 자발적이며 모든 일이 재미있기를 원한다. 의사소통을 잘하고 설득력이 있다. 종종 화려한 일화로 자신의 경험을 수놓아 사람들을 즐겁게 한다.

P형은 다른 사람들에게 성공한 것처럼 보인다. 다양성을 좋아하고 호기심 많고 때때로 충동적이다. 한 가지 일에 얽매이는 것을 싫어하며 프로젝트를 시작한 후에는 금세 흥미를 잃어버린다. 친화력이 있이시 사람들을 끌어당긴다. 주목의 대상이 되는 것을 즐거워한다.

③ M형(Mediating: 우호형)

M형은 40%의 분포를 나타낸다. 이들은 모든 사람들이 좋아한다. 자기 분야의 전문가이며 그 때문에 사람들이 조언을 구한다. 다른 사람들을 많이 도와주며 때때로 결점이라고 할 수 있을 정도로 상대를 배려한다. 그룹에 있는 모든 사람들이 편안함을 느끼게 해준다. 사람들을 좋아하며, 다른 사람들과 대화할 때는 일반적으로 잘 나서지 않는다. 과시하는 것을 싫어하기 때문에 종종 P형에게는 감화력이 없는 사람으로 간주된다. M형 리더는 함께 일하는 사람들에게 신뢰감을 불어넣어 준다. 참을성 있고, 철저하고, 포용력이 있다. M형 리더와 M형 직원이 팀을 이루면 빠르지는 않지만 조금씩 움직여 결국 산을 움직일 수도 있다.

④ S형(Strategizing: 분석형)

S형은 10%의 분포를 보인다. 이들은 철저하고, 근면하고, 열심히 일하는 전략가이다. 분석전문가이고 문제해결사이다. 규칙을 따르고 천천히 충분하게 생각하며 주변의 모든 것과 사람들에게 질문하고 평가한다. 잘못되는 것과 실수하는 것을 싫어한다. 의사표현이 분명하고 능숙하기 때문에 그들이 어디에 위치해 있는지 항상 알 수 있다. 완벽주의 경향이 있지만 온갖 노력을 다했다는 것은 믿어도 좋다. 프로젝트에 중요한 전략적 행동에 초점을 맞추며 일을 마칠 때까지 포기하지 않는다. 업무는 치밀하고 신중하게 철저히 사실과 논리에 근거해서 처리한다.

(3) PCSI 특성별 코칭접근

① D형(Directing: 지시형)

- 빠른 속도를 기대한다.
- 결과에서부터 시작한다.
- 결과에 초점을 맞춘다.
- 새로운 아이디어를 공유한다.
- 사람을 고려하도록 격려한다.

② P형(Presenting: 사교형)

- 미팅을 빠르게, 재미있게, 사교적으로 만든다.
- 그들에게 좋아 보이는 점을 강조한다.
- 게임에서 그들이 중요하다고 생각하는 것에 초점을 맞춘다.
- 지속적인 팔로우업을 한다.
- 그들이 결과를 얻기 위해 집중해야 하는 것과 구조설정을 도와준다.

③ M형(Mediating: 우호형)

- 미팅에서 꾸준하게 속도를 유지한다.
- 강압적 행동을 피한다.
- 가능한 행동단계들을 제시한다.
- 프로젝트가 다른 사람들에게 어떻게 도움이 되는가에 초점을 맞춘다.
- 그들의 도움을 얻는다.
- 그들이 지지하는 것에 대한 가치를 인정한다.

④ S형(Strateging: 분석형)

- 미팅시간을 충분히 허용한다.
- 결과에 앞서 사실을 제시한다.
- 시종일관 의제에 초점을 유지하고 끝나면 마무리한다.
- 객관적 자료에 근거한 문서를 포함시킨다.
- 그들이 가벼운 마음을 갖도록 격려하고 프로젝트에 다른 사람들을 포함시킬 것을 권한다.

2) DISC

(1) DISC의 개념과 특징

인간의 행동은 비교적 오랜 시간에 걸쳐 반복적이고 학습된 것이기 때문에 일정한 경향성을 가지고 반복적으로 나타난다. 이렇게 반복적으로 나타나는 인간의 행동을 행동유형(behavioral pattern)이라고 부른다(한국교육컨설팅연구소, 2002).

DISC는 미국 컬럼비아대학교 심리학과 교수인 William Moulton Marston에 의해 1928년에 개발되었다. Marston은 저서 『Emotion of Normal People』이라는 책에서 인간의 행동을 개인이 환경에 대해 가지고 있는 인식(environment), 환경적 조건에 대해 개인이 느끼는 힘(persona power)에 바탕을 둔 일련의 반응이라고 정의하면서 이를 기초로 네 가지 행동유형을 모형화했다. 인간이 환경을 경쟁적 또는 지원적으로 인식하는지, 또한 그 환경 속에서 자기 개인의 힘을 강하거나 또는 약하게 인식하느냐에 따라 네 가지 형태로 행동을 하게 된다고 하였다.

Marston(1893~1947)과 그의 저서

이러한 인식을 축으로 인간의 행동유형을 미국의 Carlson Learing사와 John Geier가 1972년 공동 개발한 행동유형 진단도구인 PPS(personal profile system)로 조사하였다. 진단결과 자기주장이 강하고 추진력이 뛰어난 주도형(Dominance), 낙관적이고 친화력이 있는 사교형(Influence), 일관된 태도로 한결같은 안정형(Steadiness), 논리적이고 사실에 입각한 신중형(Conscientiousness)으로 분류하였다.

개인은 환경에 대해 선호하는 환경과 선호하지 않는 환경이 있으며, 관심사, 우선순위, 대응방법 등에서 차이를 나타낸다(Smith et al., 2009).

4가지 DISC 행동유형 중 주도형(D)은 활기 있게 행동하고 도전을 받아들여 뚜렷한 성과를 내며 지도력이 있고 문제를 빠르게 결정한다. 사교형(I)은 사람과 접촉하는 것을 좋아하고 그룹에 참여하여 즐겁게 하며 호의적 인상을 주며 타인을 동기유발시킨다. 안정형(S)은 고정 직무를 수행하는 것을 선호하며 인내심과 타인을 배려하고 협력하며 남의 이야기를 경청한다. 신중형(C)은 세부사항에 신경을 쓰고 익숙한 환경을 선호하며 정확한 일처리와 엄격한 사고방식, 상황을 분석하고 위험요인을 파악한다. 이러한 4가지 DISC 행동유형은 옳고 그름, 최선 혹은 최악의 유형은 없으며 개인이 처한 상황에 적응하는 능력을 보여준다. DISC 행동유형의 비율은 주도형 24.8%, 사교형 25.1%, 안정형 25.7%, 신중형 24.4%의 비율로 분포된다(Scullard& Baum, 2015).

(2) DISC 행동유형의 구성

행동유형을 이해하기 위해서는 두 가지의 주요한 동기요인, 즉 각 유형의 목표와 두려움을 이해해야 한다. 목표는 개인의 동기 요인이다. 사람들은 목표에 부합하는 환경에서 가장 의욕적이며, 생산적으로 행동한다. 목표는 주된 욕구라고도 할 수 있다. 두려움은 개인적으로 의욕을 잃게 하는 요인으로서 사람들에게 부정적인 반응을 일으키기 쉬운 조건을 말한다. 사람들은 대체로 이러한 두려움을 피하려고 어떤 특정한 행동을 더 많이 하게 된다(이창준, 2002).

DISC의 네 가지 행동유형인 주도형, 사교형, 안정형, 신중형에 대한 일반적 특성은 [그림 5-4]와 같다.

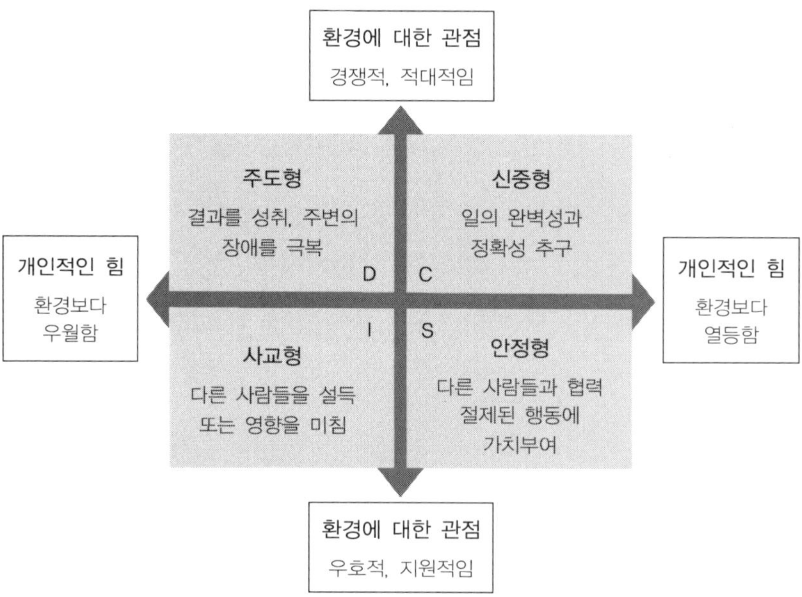

[그림 5-4] DISC 행동유형의 일반특성

(3) DISC 행동유형의 특성

① 주도형(Dominance: D형)

주도형은 적극적인 행동파이다. 항상 바쁘게 움직이고 다른 사람을 동기부여시키고 새로운 일을 만들어낸다. 계속해서 도전하고 시도한다. 자율, 권한, 의지, 높은 자신감을 가지고 행동하기 때문에 단호하고 신속하다. 변화를 지향하며 다음 단계를 생각하고 미래를 내다본다. 다른 사람의 간섭을 받는 것을 싫어한다. 적극적이고, 경쟁적이고, 지시적이고, 빠른 결정을 내린다. 과업에 높은 우선순위를 두고 있어 상대적으로 관계에 대한 관심이 적다. 사람들에 대해 따뜻한 마음이나 공감을 표현하는 말에는 다소 인색한 편이다.

② 사교형(Influence: I형)

사교형은 사교적이고 사물이나 세상을 보는 관점이 낙관적이고, 감정을 중시한다. 모든 일에 열정적이고 항상 다른 사람들을 즐겁게 해준다. 설득적인데 매력적인 방법으로 다른 사람에게 영향을 미치며 좋은 화술과 유머 감각을 가지고 있다. 설득적인 언변을 가지고 있고 다른 사람들에 대한 높은 감수성을 가지고 있다. 많은 사람들을 알고 있고 사교적인 모임을 즐기며 사람들과 함께 이야기하면서 서로 친밀감을 느끼는 활동들에 참여한다. 낯선 장소에서도 전혀 어렵지 않게 참여할 수 있을 만큼 친화력이 뛰어나다. 친화적인 행동과 자유분방한 사고는 때로 산만하고 조급하며 지나치게 참견하는 것처럼 보일 수도 있다. 어떤 경우 자극이 없다는 이유만으로 반복적인 일에 대해 싫증을 느껴 계속 다른 것을 찾아다니거나 대충 일을 처리하는 경우도 있다.

③ 안정형(Steadiness: S형)

안정형은 안정과 평화, 협력을 중시하고 가정의 안정을 매우 중시한다. 현 상태를 유지하고자 하는 경향이 있으며 전통을 존중한다. 작업환경에서 자신의 업무를 꾸준히 수행함으로써 안정감을 준다. 변화나 혼란이 없는 한결같은 환경을 선호하기 때문에 일상적인 일을 해내는데 아주 적합하며 모든 일이 합당하게 되어 있다고 믿는다. 이들은 성실하고 꾸준하며 한 번에 한 가지씩 일을 처리하고 일상적이고 반복적인 일에도 그다지 실증을 느끼지 않는다. 지속성과 일관성은 가치 있게 여기는 안정성을 높이는 힘이다. 다른 사람들과의 충돌이나 갈등을 원하지 않는다. 자신보다는 다른 사람의 욕구를 충족시키려 한다. 현상을 유지함으로써 언제나 조화로운 환경을 조성한다. 심지어 매우 스트레스가 높은 상황에서도 평온함을 유지하며 참을성 있게 자신의 일을 순차적으로 진행한다. 매우 협력적이고 지원적이며 언제나 다른 사람을 돕고 지원하며 사람들에 대한 높은 충성심을 발휘하고 정중하며 편안하다. 무리하게 자신의 생각을 주장하지 않으며 다른 사람의 말에 열심히 주의를 기울인다. 경우에 따라 수줍음을 많이 타기 때문에 가능한 다른 사람의 눈에 띄거나 주목받지 않으려 하고 종종 모임의 뒷자리에 앉으며 적극적으로 자신의 의사를 표현하지 않으며 표현하더라도 직접적인 표현이 거의 없고 우회적이다.

④ 신중형(Conscientiousness: C형)

신중형은 기준이 높고 핵심적인 세부 사항에 주의를 기울이고, 자신을 잘 다스리고, 신중하고, 분석적이고, 매우 직관적이며, 올바른 방법으로 일한다. 이들은 매우 조심스럽고 행동하기 전에 충분히 생각하고 심사숙고한다. 어떤 일이든 정확하고 바르게 수행하는 것에 관심이 많아 세세한 사항을 쉽게 간과하지 않고 꼼꼼히 재확인한다. 일을 수행하기 위해 사전에 계획을 세우고 그 계획을 충실히 따른다. 일을 처리하는 데 있어 체계적이고 신중해서 실수가 적지만 일의 속도 면에서 본다면 다른 유형의 사람에 비해 진척이 느린 편이다. 언제나 정도를 걸으며 원칙적으로 행동한다. 치밀하고 논리적이며 비판적으로 사고한다. 이들의 말은 언제나 사실에 입각해 있으며 논리적이고 진지하다. 다른 어떤 유형보다 상황에 대한 분석능력이 뛰어나 어떤 문제나 상황에 대해 분석적이고 합리적으로 정보를 수용한다. 상황이나 의견에 대해 그 모순점이나 의문점을 찾아내고 지적한다. 사실주의자이고 원칙주의자이며 완벽주의자에 가깝다. 주어진 기준, 절차, 규칙, 약속 등을 지키고, 이에 어긋나는 것에 대해서 불쾌하게 생각하고, 높은 자기절제력과 책임감을 보인다(한국코칭학회, 2020).

〈표 5-1〉 DISC를 활용한 코치 스타일 검사

PART 1	PART 2
• 야심적이다. • 속도가 빠르다. • 책임감이 강하다 • 결과가 중요하다. • 고집이 세다. • 결단력이 있다. • 위험을 감수한다. • 밀어붙인다. • 합의가 잘 안 된다. • 독립적이다. • 자신의 주장이 강하다. • 독단적이다. • 의지가 강하다	• 에너지가 넘친다. • 설득력이 있다. • 재미있는 것을 추구한다. • 사람을 좋아한다. • 유머 감각이 있다. • 생기발랄하다. • 에너지가 넘친다. • 매력적이다. • 자발적이다. • 호기심이 많다. • 충동적이다. • 의사소통을 잘한다. • 걱정이 없는 것처럼 보인다.
PART 3	**PART 4**
• 친절하다. • 잘 참는다. • 긍정적이다. • 협력적이다. • 까다롭지 않다. • 소극적이다. • 객관적이다. • 규율을 잘 지킨다. • 신뢰를 쌓는다. • 감정이입을 잘한다. • 갈등상태를 싫어한다. • 다른 사람을 배려한다. • 과정이 중요하다.	• 신중하다. • 철저하다. • 체계적이다. • 완벽주의이다. • 자제력이 있다. • 일관성이 있다. • 충성심이 강하다. • 규칙을 잘 따른다. • 행동을 주저한다. • 정리 정돈을 좋아한다. • 속마음을 잘 드러내지 않는다. • 모든 가능성을 고려한다. • 결과를 중요하게 생각한다.

각 박스에서 자신에게 해당하는 것을 V표하고, 각 박스 속의 V 숫자를 세어 아래의 빈칸에 적어 주십시오.
가장 숫자가 많은 것이 자신의 스타일입니다.

- PART 1 D형 지도자형 ______________
- PART 2 I형 사교형 ______________
- PART 3 S형 안전형 ______________
- PART 4 C형 분석형 ______________

출처: 도미향(2020). 아이가 달라지는 엄마의 말. 라온북.

에니어그램과 코칭

chapter 06

06 chapter 에니어그램과 코칭

1. 에니어그램 성격유형의 의미

성격유형론이란 성격이론 중에서 역사가 가장 오래됐으며 사람의 성격을 신체적인 특징이나 행동적인 특징에 따라 심리적인 특징과 관련시켜 이해하는 방법이다. Horney(1945)는 인간이 심리적 문제에 직면하여 이를 해결하는 과정에서 주로 '공격형(aggressive type)', '순응형(compliant type)', '후퇴형(withdrawn type)' 중에서 어느 한 가지로 구분되며, 이런 방식은 곧 그의 성격 특성을 이룬다고 언급한 바 있다. Jung은 성격유형론에서 환경의 역할을 중시하였다. 왜냐하면 환경적 요인은 각자 타고난 유형의 특성을 발현시킬 수 있는 활동을 강화함으로써 이를 발달시킬 수도 있고, 반면에 타고난 유형과 어긋나는 활동을 강화함으로써 발달을 저지시킬 수도 있기 때문이다. 자기가 타고난 유형의 특성이 아니라 하더라도 계속 사용할 경우에는 이에 적응이 될 수도 있겠지만, 만족감이나 유능감을 덜 느낄 경우에는 자기가 타고난 특성을 제대로 발현시키지 못할 수도 있다는 것이다 (김정택 외, 2003).

따라서 성격을 유형론에 따라 이해한다는 것은 자기통찰을 제공해 줄 뿐 아니라 타인과의 관계에 있어서 좀 더 통합적이고 바람직한 태도를 형성하는 데에도 도움이 되며, 타고난 잠재력과 재능을 살펴볼 수 있는 유용한 도구가 된다. 코치로서의 역할은 인간이 각각의 타고난 습관적인 에너지를 깨닫고 의식적이고 자각적인 자기변화를 통하여 통합적이고도 균형적인 삶을 영위하도록 돕는다고 볼 수 있으므로 코치로서의 역할을 수행할 때 자신이 가지고 있는 나름대로의 독특한 잠재력과 재능을 발견할 수 있는 능력을 갖추는 것 또한 중요하다.

이러한 맥락에서 성격특성을 모르고 접근하는 방법에서 오는 갈등을 해소하고 타인과의 원활한 유대감을 형성하여 자신의 역할을 보다 효율적으로 할 수 있도록 성격특성 접근과 인간이 가진 잠재력을 개발하는 코칭 접근은 성장의 변화를 위해 자신이 누구인지 발견하고, 자신이 가진 강 · 약점을 이해하고 수용함으로써 타인과의 의사소통을 효과적으로 하여 타인과의 인간관계를 협동적으로 발전시키고, 나아가 건강한 삶을 영위하게 할 것이다.

에니어그램(Enneagram) 성격유형은 인간의 성격유형을 아홉 가지 체계로 설명하고 있다. 에니어그램 코칭은 에니어그램의 아홉 가지 성격유형을 통해 자신이 누구인지를 파악하고, 자신의 내적 역량을 발견하게 한다. 에니어그램 유형별 행동특성은 공격형, 의존형, 움츠리는 형으로 나눌 수 있다. 공격형은 1번, 3번, 8번 유형이며 이들은 억울한 것을 참지 못하고 한계를 인정하지 않으려 한다. 의존형은 2

번, 6번, 7번 유형으로 현실에 적응하는 사람이다. 움츠리는 형은 4번, 5번, 9번 유형으로 경쟁을 싫어하고 우유부단하다.

이러한 에니어그램의 아홉 가지 성격유형 특성은 개인 및 조직코칭에 유효하게 활용할 수 있다.

1) 에니어그램의 개념

에니어그램은 BC 2500년 중동지방에서 발생한 고대의 지혜로 수피들에 의해 구전으로 전달되어 인간의 내면을 성숙시키는 영적 지도와 상담에 사용하였다. 에니어그램을 20세기경에 처음으로 서구에 소개한 사람은 러시아의 구르지예프(George I. Gurdjieff)이며, 구르지예프는 에니어그램을 우주 안에서 자신의 위치를 이해하고 자기 삶의 객관적인 목적을 일깨우는 수련 중심의 하나로 발전시켰다. 1970년대에 이를 재정립하여 미국에 소개한 이카죠(Oscar Ichazo)에 의해 널리 알려졌다.

에니어그램은 숫자 9를 의미하는 에니어(Ennea)와 그림, 점, 선을 나타내는 그라모스(Gramos)라는 단어의 합성어로 아홉 개의 점으로 이루어진 도형을 의미한다. 아홉 개의 점은 아홉 가지 성격유형을 의미하고, 인간은 누구나 태어나면서 아홉 가지 성격 중 한 가지를 가지고 태어난다고 본다. 다음은 에니어그램의 상징과 아홉 가지 유형의 별칭이다.

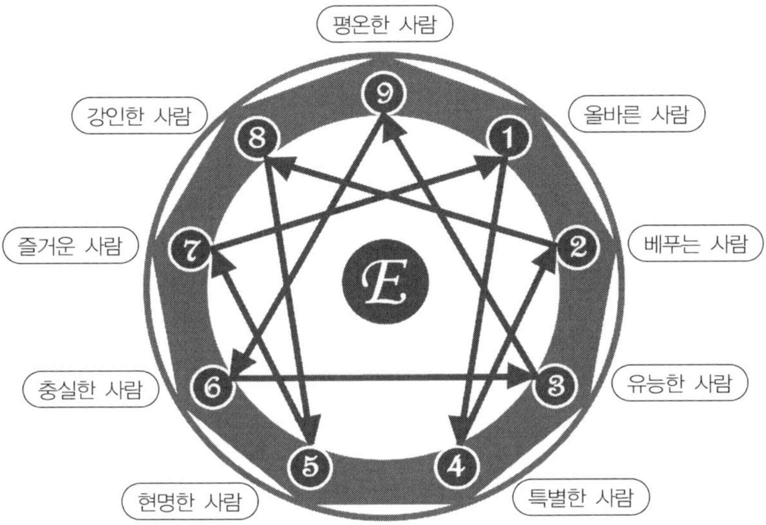

[그림 6-1] 에니어그램의 상징과 유형의 별칭

출처: 비전에니어그램교육연구소(2012).

2) 에니어그램의 특성

에니어그램은 인간의 성격을 아홉 가지로 분류한다. 아홉 가지 성격유형은 그 사람이 세상을 보는 관점, 가치관 그리고 삶의 주된 동기와 반응에 대하여 우리에게 많은 사실을 알려준다. 아홉 가지 유형의 별칭은 학자마다 다르게 사용되지만 각 유형의 특징, 장점과 단점, 집착과 열정, 대인관계 방법 등은 유사하다.

각 유형의 특성은 그 유형의 개인이 가지고 있는 날개, 성장 방향과 후퇴 방향 및 발달 수준에 따라 조금씩 다른 특성을 보인다. 날개란 각각의 기본 성격유형의 좌우에 있는 유형들을 말한다. 예를 들어, 1번 유형의 경우 2번과 9번이 날개가 된다. 이 날개는 기본 유형과 혼합되어 기본 유형의 성격특성을, 즉 자신의 기본 성격과 날개 유형의 성격이 혼합되어 나타난다.

후퇴 방향이란 대개 견딜 수 없는 스트레스가 증가하는 시기에 나타난다고 본다. 만약 자신의 성격으로 이를 극복하지 못하면 다른 어떤 유형으로 향하는데, 각 유형의 후퇴 방향은 제1유형 → 제4유형 → 제2유형 → 제8유형 → 제5유형 → 제7유형 → 제1유형, 제9유형 → 제6유형 → 제3유형 → 제9유형의 순서로 나아간다. 예를 들어, 제6유형이 후퇴 방향에 있을 때에는 제3유형의 약점적 특성을 보일 수 있다. 후퇴 방향은 무의식적으로 나타난다. 이와 달리 성장 방향은 의식의 성장에 따라 고도의 의식 차원에서 삶을 영위하고자 하는 의식적인 선택에 의하여 나타난다(Riso & Hudson, 1996). 개인들이 성장 방향에서는 자신의 유형의 강박 속으로 들어가는 것을 알아차리고 거기에서 빠져나오도록 스스로를 고무한다. 성장 방향은 제1유형 → 제7유형 → 제5유형 → 제8유형 → 제2유형 → 제4유형 → 제1유형, 제3유형 → 제6유형 → 제9유형 → 제3유형의 순서로 나타난다. 예를 들어, 제6유형이 성장 방향에 있을 때에는 제9유형의 강점적 특성을 보일 수 있다.

각 유형의 개인들은 한 수준에 머물러 있지 않고 발달 수준 내에서 계속하여 움직인다. 일반적으로 발달 수준의 1수준에서 개인은 가장 진실한 자신이 되며, 균형과 자유를 얻는다. 2수준에서는 자아와 자아의 방어 결과로서 불안에 대한 발달이 시작되고, 3수준에서는 개인의 자아보다는 사회적인 가치 수준에 좀 더 집중하게 되며, 4수준에서는 불균형의 상태에 이르게 된다. 5수준에서는 환경, 특히 타인을 통제하려는 경향성이 강해지며, 6수준에서는 개인이 원했던 것을 받아내기 위하여 과잉 보상과 극단적인 행태를 보이게 되고, 7수준에서는 생존 전략을 채택하여 대인 갈등을 낳게 된다. 8수준에서는 매우 심각한 정신적 갈등이 일어나고, 9수준에 머물 때에는 신경증적 상태로 변하여 병리적인 파괴의 수준에 이르게 된다(윤운성, 2005). 일반적으로 수준 1에서 수준 3까지를 건강한 상태, 수준 4에서 수준 6까지는 보통의 상태, 나아가 수준 7에서 수준 9까지를 건강하지 못한 상태라고 보고 있다.

3) 에니어그램의 성격 특성

(1) 세 가지 중심 에너지

에니어그램에서는 모든 사람은 세 개의 중심, 즉 배(장) 중심, 가슴 중심, 머리 중심의 힘의 중심을 가지고 있으며, 에니어그램 8 · 9 · 1은 배(장) 중심에 해당하고, 2 · 3 · 4번은 가슴 중심에 해당하며, 5 · 6 · 7번은 머리 중심에 해당한다([그림 5-2] 참조). 각 중심은 서로 다른 특성의 에너지를 가지며, 각 중심에 해당하는 유형은 각각의 성격특성은 다르지만 같은 중심에서 나오는 힘은 다른 두 중심에서 나오는 힘보다 좀 더 지배적인 역할을 한다.

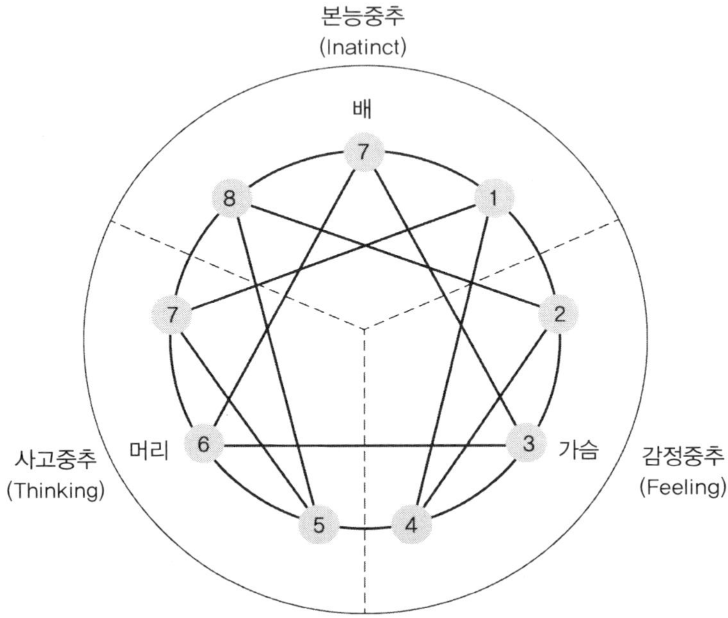

[그림 6-2] 에니어그램 성격유형원

배(장) 중심 사람은 생각을 행동으로 즉각적으로 옮기는 행동형이라 말할 수 있으며, 진행 중인 일을 파악하는데 신속하고, 결정과정에서도 상황과 요구에 따라 일을 처리하고, 처리 속도 또한 빠르다. 배(장) 중심의 사람은 환경에 저항하고 환경을 통제하려는 경향이 있다. 즉, 세상의 영향을 받지 않고 세상에 영향을 미치기 위해서 자신의 의지를 사용한다.

가슴 중심은 다른 사람에게 보이는 자신의 이미지를 중시하며, 직관적으로 상황을 파악하며, 가슴이 따뜻하고 감성적인 사람들이다. 가슴 중심 사람들은 어떠한 일을 결정할 때 그 일에 관여된 사람들이나 자신의 결정에 영향을 받게 될 사람들을 고려한다. 가슴 중심의 사람들은 관심이 타인과의 관계에 집중되어 있으며, 타인을 향해 에너지가 움직인다. 타인의 주의를 끌려고 하며 외부의 인정을 받으려는 욕구가 강하고 상처를 많이 받는 경향이 있다.

머리 중심의 사람은 관찰, 분석, 비교, 대조의 사고 과정을 통하여 상황을 파악하며, 상황을 고찰하고 분석하며 연구하기 위하여 당면한 어려운 현실을 멀리하고 부끄러움을 타고, 소심하며 사람들과의 관계를 어려워한다. 어떤 일을 결정할 때 논리적이고 이성적이며 타당성이 있는지 그리고 그것이 권위자와 자기가 속한 단체에서 받아들여질 수 있는지에 마음을 쓴다.

(2) 에니어그램 아홉 가지 성격유형의 주요 에너지

개인은 어느 시점, 어느 상황에서 에니어그램 아홉 가지 성격유형의 주요 에너지를 모두 체험하게 된다. 다른 사람들을 인도하고 보호하기 위해 8번 에너지를 취하며, 즐거움을 누리기 위해서 7번 에너지를 취한다. 따라서 자신의 성격유형을 알고 난 후에 평소 생활 속에서 사용하는 전략을 체크해 보면 자신이 오직 한 가지 성격유형에서 가지는 한 가지의 에너지에 국한되어 행동하지 않는다는 것을 이해하게 될 것이다. 각 유형이 가지는 주요 에너지는 다음과 같다.

① 1번 유형의 주요 에너지 : 올곧은 에너지

② 2번 유형의 주요 에너지 : 도와줌의 에너지

③ 3번 유형의 주요 에너지 : 성공의 에너지

④ 4번 유형의 주요 에너지 : 창조의 에너지

⑤ 5번 유형의 주요 에너지 : 관찰하고 깨닫는 에너지

⑥ 6번 유형의 주요 에너지 : 안전을 확인하는 에너지

⑦ 7번 유형의 주요 에너지 : 즐거운 에너지

⑧ 8번 유형의 주요 에너지 : 강한 에너지

⑨ 9번 유형의 주요 에너지 : 화합하는 에너지

(3) 에니어그램 아홉 가지 성격유형 특성

에니어그램 아홉 가지 성격유형 특성을 각 유형별로 살펴보면 다음과 같다(비전에니어그램교육연구소, 2009).

① 1유형

1유형은 완벽주의적 성취형으로서 개혁가적인 특성을 가진다. 이들은 이상적이고 원칙주의적으로 옳고 그름에 대한 비판적인 경향이 있으며, 정리정돈을 잘하고 부지런하고 양심적이고 윤리적이다. 실수를 저지르는 것을 두려워하며 완벽함을 추구하고자 한다. 기준이 높아 타인에게는 칭찬을 많이 하지 못하는 경우가 있으나 책임감과 강한 도덕적 가치를 잘 가르친다. 화가 나거나 짜증이 나도 온화한 모습을 보이려 하는 침착한 면을 보이기도 하며 자신만의 가치관이나 기준으로 통제하여 타인이 스스로 하려는 자주성을 인정하려 하지 못하며, 자질구레한 잔소리가 많은 편이나 상황을 정확히 파악하고 꼼꼼하게 준비하는 계획과 일관된 태도를 보인다.

1유형의 사람은 완벽해지기 위해 끊임없이 노력하는 것은 지속적인 긴장과 좌절을 느끼게 하므로 자기 자신이 모든 일을 판단하는데 기준은 무엇인지, 세워놓은 목표에 대해 안달이 날 때 그 일에서 손을

놓고 정말 문제가 되는 것은 무엇인지, 인식하는 것이 필요하고 옳고 그름에 대한 비판보다는 다르다는 차이를 인정할 수 있도록 하면서 다른 사람이 나와 다른 방식으로 하는 것에 대한 무엇이 당신을 힘들게 하는지 그때 감정은 어떠한지에 대해 자신을 인식하고자 하는 노력이 필요하다.

② 2유형

2번 유형은 협조형으로서 협조자적인 특성을 가진다. 이들은 감정이 풍부하고 성실하며 따뜻한 마음을 지니고 다정하고 친절하며 남을 위해 자신을 희생한다. 그와 동시에 감상적이고 사람에 대한 관심이 많아 상냥스런 표현을 잘한다. 대체로 사려 깊고 타인과 가까워지려고 노력하며 자신이 타인에게 꼭 필요한 사람이 되고자 하고 무의식적으로 타인을 조정하려는 경향을 보이기도 한다. 모든 사람과 좋은 관계를 갖고자 잘 보이려 하는 것은 여러 개의 자신의 모습을 갖게 되어 자신의 진정한 욕구를 인식하지 못하여 힘들어한다.

2유형의 사람은 사람들과의 관계를 잘 유지하기 위해 무엇을 하는지, 자신을 좋아하도록 하기 위해 어떤 방법을 사용하는지, 사랑받고 있다는 것을 어떻게 알 수 있으며, 사랑받는다는 것이 얼마나 중요한지를 스스로에게 묻고 다른 사람을 위해 너무 많은 시간을 쏟아 정작 자신을 위해 해야 할 일을 미루게 되는 경우는 어느 정도인지 자신이 무엇을 우선으로 해야 하는가에 대한 자신의 욕구를 잘 인식하도록 한다.

③ 3유형

3번 유형은 성공형으로서 동기 부여자적인 특성을 가진다. 이들은 야망이 크며 유능하고 에너지가 넘치며 자신의 위치를 늘 염두에 두며 발전을 위해 항상 노력하고 자신감 있고 효율적이고 실용적이고 부지런하고 긍정적이고 사람의 마음을 끌며 매력적이다. 활력이 넘치고 유연성도 갖추고 있으며 목표를 정하고 계획하고 그것을 달성하기 위한 비전을 그리는 데 탁월하다. 그러나 인간의 가치를 인정하기보다는 그 사람이 행한 결과로만 평가하고 목표지향적이다. 자신의 이미지와 남들이 생각하는 자기 자신에 대한 평가에 관심이 많으며, 실패에 대한 두려움 때문에 성공할 수 있는 일만 하려 하고 실패에 대한 부정적인 자신의 감정을 의식하기를 싫어한다.

3유형의 사람은 가족과 보내는 시간과 자신을 위한 시간 투자 사이에서 고민하고 가까운 관계와도 경쟁하려는 경향이 있어 자녀를 두고 경쟁을 하기도 하고 그들로부터 인정받고 싶어 한다. 타인에게도 책임감 있고 계획적이기를 기대하고 자신의 생각을 강요하는 경향이 있으며 감정을 수용하고 공감하기보다는 더 열심히 하라고 하고 성적이나 성과에 대한 관심이 많다. 늘 성공을 추구하고 목표를 붙들고 있는데 언제 자기 자신이 성공지향적이고 경쟁적인지 지금 목표를 향해 가는 속도를 늦춘다면 어떤 변화가 생길 것인지에 대해 생각하고 먼저 다른 사람의 삶의 목표와 성취에 대해 관심을 기울여 보고 자신이 느끼는 감정에 솔직하고 충분히 느끼는 경험을 하는 것이 중요하다.

④ 4유형

4번 유형은 개인형으로서 예술가적 특성을 가진다. 자신을 잘 알며 감수성이 예민하고 말이 없고 대체로 감정적으로 정직하며 창의적이고 독창적인 감정을 갖고 있기 때문에 자신을 특별하다고 생각한다. 평범함 삶의 방식을 거부하고 개인적이고 모험을 즐기며 예술적이고 유행에도 민감하다. 자의식이 강하여 특별함을 지닌 존재이고자 하지만 그렇지 못한 자신의 약점과 나약함을 잘 알고 있어 우울해지고 움츠러들기도 한다. 그러나 이러한 상처받기 쉬운 자신의 자존심을 방어하려고 오히려 도도하게 보이려고 노력한다. 자신은 남과 다른 독특함을 가지고 있지만 동시에 같은 점도 있다는 것을 알고, 다른 사람의 독특함을 먼저 인식하고 관심을 갖는 자신을 보고 이러한 독특함의 추구는 자신에게 어떤 특별한 능력이 있기를 바라는 상상을 하고 있다. 그중 실제로 개발 가능한 것은 무엇인지 살펴보고 사람들로부터 비판이나 거부를 당할 때 그들의 생각이 무엇인지 분명히 알고 그들의 이야기에 신뢰를 갖도록 한다.

⑤ 5유형

5번 유형은 관찰형으로서 생각이 많은 사람이다. 이들은 통찰력이 있고 호기심이 많으며 분석적이고 관찰적이고 초연하고 현명하며 객관적이고 유형별 부모 역할에 따른 강점과 약점이 예민하다. 복잡한 생각이나 기술을 발전시키는 데 집중하는 능력이 있고 독립심이 강하고 혁신적이며 독창적이고 자신의 생각과 상상 속의 구성에 몰두하고 내성적이다. 끈기가 있고 현명하며 분석적 태도를 가지고 있는 반면,

지적인 자신감이 넘치고 부정적인 시각으로 보려는 경향이 있다. 애정표현이 다소 서투르나 친절하고 통찰력이 있으며 헌신적이고 격렬한 감정을 드러내지 않으며, 타인이 감정적으로 반응하고 드러내는 것에 대한 감정적으로 공감하는 것에 어려워할 수 있고 논리적으로 접근하려는 경향이 있다.

사람과의 관계를 맺으면서 자신을 잃지 않기 위해 감정적으로 다른 사람과 연결하고자 어떤 행동을 하는지, 실제 생활에서 문제를 회피하기 위해 얼마만큼 깊이 생각하고 공상하는지, 이때 시간을 얼마나 소요하는지, 이 시간을 다른 곳에 어떻게 투자할 수 있는지를 살펴본다. 이렇게 생각하고 정리하는 과정을 그만두고 결단하고 행동으로 옮겨 다른 사람들과 함께 나누어 일을 추진한다면 지적인 당신이 그 일을 리드해 갈 수 있을 것이다.

⑥ 6유형

6번 유형은 수호형이며 충실한 사람으로서 책임감이 강하고 믿을 만하며 의지할 수 있고 열심히 일하며 훌륭한 '문제해결사'로 문제를 파악하고 협력을 촉진할 줄 안다. 충실하고 친절하고 현명하며 남을 존중하고 용감하나 때로는 방어적이고 회피적이며 겁이 많은 소극적인 태도로 보이기도 한다. 사회적 규범을 중시하며, 튀거나 돌출된 행동을 싫어하며 예의 바르고 조직이나 권위 있거나 강력한 보호자 요구에 부응하여 안정을 얻으려 한다. 생각하고 바로 실천하지 못하고 미루는 경향이 있고 의심과 근심이 많은 사람이 될 수 있다.

6유형의 사람은 지나치게 조심하려는 경향 때문에 자신을 발전시킬 수 있는 기회를 잃었던 경험이 있는지, 주로 어떤 부문에서 불안이나 의심을 하게 되는지 살펴보고 내가 믿는 신념은 어떤 것에 근거하는지(책, 선생님, 자신의 경험) 그 신념에 대해 확신할 수 있게 하는 것은 무엇인지 인식할 필요가 있다. 어떤 문제로 인한 걱정으로 오히려 지금 현재 머물러 있는 것을 방해받을 경우가 있을 수 있다. 지금 문제로부터 편안함과 긴장감을 풀고 있는 노력이 필요하다.

⑦ 7유형

7번 유형은 이상형이며 팔방미인이다. 외향적이고 긍정적이며 다재다능하고 자발적이고 낙관적이고 사교적이고 즐겁고 상상력이 풍부하고 쾌활하고 모험을 좋아한다. 어떤 일을 열정적으로 하면서 새롭고 다양한 일을 하는 것을 즐거워하여 때로는 산만하고 규율을 잘 못 지켜서 자신의 능력을 적절히 적용하지 못할 때가 있고 고통으로부터 도망쳐 즐거움만을 추구하고 즐긴다.

7유형의 사람은 에너지가 넘치고 타인에게 관대하며 삶에서 많은 모험을 접하기를 원하고 모험심과 모험적인 행동을 이해해 준다. 하나에 집중하는 연습이 필요하고 다른 곳으로 흩어지려는 경향에서 다시 집중하려는 의식전환을 해야 한다. 다른 사람을 즐겁게 하려는 것이 누구를 위한 것인지, 그러한 행동을 통해 만족은 어느 정도 느끼는지, 자신이 해야만 하는지를 살펴보고, 무엇에 대해 무료함을 어디서부터 느끼고 있는가에 대해 살펴보고 현실적인 것에 대한 계획에 사용하는 시간을 살펴보고 좀 더 자신에게 여유를 줄 수 있는 시간을 찾아보는 것이 좋다.

⑧ 8유형

8번 유형은 지도자적 특성을 가진다. 현실적이고 활발하고 자신감 있고 강인하고 겁이 없고 정열적이고 자기주장이 강하다. 남을 보호하며 임기응변 능력이 있으며 직설적이고 결단력이 있다. 일반적으로 화를 조절하지 못하고 생각보다 행동이 먼저 앞서고, 약점을 인정하는 것을 어려워한다.

8유형의 사람은 성실하고 친절하며 헌신적이며 책임의식이 강하고 항상 가까이에서 애정을 쏟는다. 생활 속에서 좀 더 부드럽게 표현해야 할 영역(관계, 장소)을 찾아 변화를 시도해 보는 것도 좋다. 힘과 에너지가 넘치는 활동보다 심신의 이완된 상태를 느껴 보는 방법도 있다. 언제나 누군가에게 도움을 주고자 하는 강한 모습만을 고집하기보다는 자신의 약한 감정도 인정하고 이러한 감정을 자연스럽게 생각하는 것이 필요하다. 또한, 다른 사람이 원치 않은 일을 압력을 통해 목적을 달성했던 경험이 있다면 다른 방식으로 어떻게 할 수 있을지, 다른 사람이 나처럼 나에게 한다면 어떨지, 입장을 바꾸어 생각해 보는 것이 필요하다.

⑨ 9유형

9번 유형은 중재자이고 평화를 만드는 사람이다. 평화적이고 침착하고 위안을 주고 인내심이 강하고 온순하고 끈기 있으며 포용적이고 타인을 믿을 줄 알며 안정적이다. 대체적으로 창의적이고 낙관적이며 남들을 잘 지지한다. 그러나 평화를 유지하기 위해 남들과의 좋은 관계에 지나치게 집착하여 결정을 못 내리고 우유부단하다. 자신의 감정이나 욕구에 대한 인식이 부족하고 문제에 대한 직면이 약하고 단순화시키며 속상한 일은 축소시키려는 경향이 있고 일반적으로 게으름과 고집스러운 면이 있다.

9유형의 사람은 지지적이고 친절하며 따뜻하고 지나치게 관대하고 야단치지 못하고 지시적이지 않으며 상냥하다. 자신이 원하는 일을 할 때의 기분과 원하지 않는 일을 하면서 불만은 없었는지, 원하는 것을 포기하면서 얻고자 하는 것은 무엇인지, 진정으로 원하지 않는 것은 "No"라고 말할 수 있어야 한다. 자신이 어떤 사람이 되기를 원하는지 그 일을 성취하기 위해 현재 무엇을 해야 하는지 생각해 보는 것도 중요하다. 자신이 평안과 안전에 머물러 있는 동안 어떤 대가를 치러야 하는지 좀 더 세상을 향해 나아갈 때 어떤 것을 얻는지 살펴보고 어떤 일을 할 때 미루는 정도를 알아야 한다. 자신보다 타인을 더 능력 있는 사람으로 조력할 때 자신의 내면을 면밀히 살펴 자신은 어떤 일을 할 때 자질과 능력이 있다는 것을 알 수 있도록 하는 노력이 필요하다.

2. 에니어그램과 개별코칭

미국의 대학에 행복학을 강의하는 과목이 개설되어 화제가 된 적이 있다. 우리는 궁극적으로 행복을 추구하며 산다. 이러한 행복은 자아실현을 통해 찾을 수 있으며, 자신의 자아실현을 위해 노력하는 사람은 타인에게도 용기와 희망을 부여하여 긍정적 에너지를 주면서 서로 승-승 파트너십을 발휘할 수 있다.

Maslow(1970)는 자아실현은 자아증진을 위한 개인의 갈망이며 잠재적으로 지닌 것을 실현하려는 욕망이라고 하였다. 즉, 자아를 실현한다는 것은 자기가 원하는 종류의 사람이 되는 것이다. 또한 Rogers는 자아실현이란 자기의 독특한 심리적 특성과 잠재력을 개발하여 자기 자신이 되는 미래지향적인 하나의 과정으로 그 과정은 어렵고 고통스러운 것으로 거기에는 사람의 능력에 대한 끊임없는 시험과 긴장이 수반되며 진정한 자기 자신이 되는 것이라고 했다(이혜성 역, 1982).

Maslow(1970)는 자아실현을 성취한 인물들의 성격적 특성을 다음과 같이 제시하였다. 자아실현을 추구하는 사람들은 현실에 대한 보다 정확한 지각과 그것에 대한 수월하고 안정된 관계를 가지고 있으며, 자아 및 타인을 잘 받아들이며, 죄악감, 수치심 또는 불안에 휩쓸리지 않고, 행동은 비교적 자발적이며 자연스럽게 솔직하며 꾸밈이 없고 노력으로 인한 긴장 같은 것이 없다. 자아중심적이기보다는 문제중심적이다. 또 자기만의 세계를 불편함 없이 즐길 수 있고, 외부요인에 자신의 만족을 맡기지 않으며 자신의 의지대로 행동한다. 그리고 사물에 대한 감상력과 대인관계가 뛰어나고 유머 감각을 가지고 있다. 또한 자아실현자들은 자기의 재질, 역량, 가능성을 충분히 발휘하고 개발하며 심리적으로 건전하고, 보통 사람에 비해 보다 풍부한 인간적 기능을 다하며 풍요롭게 삶을 영위하게 되고 합리적인 사고력을 지니게 된다(김혜경, 2003).

이러한 맥락에서 에니어그램은 자신과 다른 사람을 깊이 이해할 수 있게 도와주며, 자신의 성격 패턴을 인식하고 자신을 정직하게 탐험하려는 용기에 의해 우리를 깊은 곳으로 안내해 주는 도구로서 탁월함을 가지고 있다(Riso & Hudson, 2000). 에니어그램으로 자신을 관찰하고 자신을 이해하고 자신을 수용하는 작업을 통해 자신에 대한 통찰을 얻을 수 있게 됨은 물론 자신의 타고난 잠재력을 알게 되면서 자신감을 가질 수 있다. 이러한 자신감은 긍정적 자아상을 가지게 됨으로써 행복한 삶을 영위할 수 있도록 하며, 모든 일에 주도적으로 열정과 책임을 다할 수 있는 힘이 된다. 즉, 자아실현에 있어서 자신의 타고난 강점과 약점을 잘 알고 이해하고 받아들이는 것은 자아실현적 삶을 사는 데 필수적이라 할 수 있다.

이는 코칭의 개념과 맥락과도 같다고 볼 수 있다. 코칭은 스스로 자아실현을 할 수 있도록 돕는 과정이라 할 수 있기 때문이다.

코칭접근을 위한 에니어그램 성장방향과 후퇴방향 특성 (비전에니어그램 교육연구소, 2009)

1유형

• **성장방향: 7번**

유연성을 발휘하여 개방적이고 분노와 비판적인 것이 유쾌해지고, 있는 그대로의 자기 자신을 허용하며 일에 있어서 낙천적이며, 자연스럽고 느긋하게 행동한다. 또한 자기 자신을 위해 즐거운 계획을 세우고 나쁜 면을 신경 쓰기보다는 긍정적인 태도를 보인다.

• **후퇴방향: 4번**

노력하고 합리적인 것을 추구하면서 자기 식의 원칙을 적용하는 태도를 보이고 감정의 기복이 심하고 숲을 보는 경향이 더 심화되고 이성적이지 못하고 자신의 기대에 미치지 못하면 분노를 느끼고 자기를 비판하며 내면의 분노가 커지고 우울해져 자신감을 상실한다.

2유형

• **성장방향: 4번**

감정적이고 사색적이며 자신의 감정(분노, 슬픔, 고독, 불쾌)을 인정하고 잘 수용하며 자신에게 필요한 것이 무엇인지 내면을 분명히 인지하고 적절히 표현할 수 있다. 다른 사람의 사랑을 구하기보다는 혼자 있는 것에 대한 가치를 자각하고 깊게 생각한다.

• **후퇴방향: 8번**

친절하게 대하는 것이 피곤하게 느껴지면 공격적이 되고 남을 조정하려 하고 다른 사람이 자신을 이용하려 한다고 의심이 많아지고 다른 사람에게 요구적이 되고 들어주지 않으면 비난한다.

3유형

- **성장방향: 6번**

사람들에게 충실하고 협동적이며 집단 전체로 시야를 넓혀 마음을 열고 교류한다.(친구, 가족, 조직 내) 자신이 느끼는 감정을 인식하고 소중이 여기며 타인 감정도 잘 이해하게 된다.

- **후퇴방향: 9번**

우유부단하고 감정을 드러내지 않으며 생각이나 일을 효율적으로 추진하지 못하고 무력해지며 자신의 단점이나 부정적으로 대하는 사람을 원망한다.

4유형

- **성장방향: 1번**

감정을 자제하게 되고 원칙적이고 객관적이며 현실에 충실하게 되며 문제를 적극적으로 해결하고 과감하게 되며 자신의 높은 이상에 따라 행동한다.

- **후퇴방향: 2번**

혼자 있으려는 경향에서 오히려 사람에게 집착을 보이고 타인으로부터 애정을 통해 자신의 허전함을 채우려 하고 의존적이고 조정하기도 하며 필요로 하는 자신의 감정을 부정하고 위선적이며 특별한 존재로 인정받으려고 집착한다.

5유형

- **성장방향: 8번**

자신감 있고 결단력을 지니며 사고에서 벗어나 행동함으로써 열정과 의욕에 따라 적극성을 띠며 정당한 근거가 있을 때 목표를 성취하기 위해 전력을 다하는 활력을 이끌어 낸다.

- **후퇴방향: 7번**

많이 활동적이고 산만한 경향이 보이며 일을 충동적으로 맡기도 하고 생각의 요점이 없고 분별력이 떨어진다.

6유형

- **성장방향: 9번**

긍정적이고 편안해지며 타인의 감정을 잘 이해하고 넓은 시야로 바라보고 주변에서 일어나는 많은 일들을 심각하게 받아들이지 않고 싫은 상황이나 사람의 관계도 편안하게 수용한다.

- **후퇴방향: 3번**

거만하고 경쟁적이며 걱정을 잊으려고 지나치게 일에 빠지는 경향을 보이고 실패에 대한 두려움이 더 커져 새로운 시도하기를 힘들어 하고 좋은 위치를 획득하기 위해 자신을 속이는 행동이나 인위적으로 자신을 보이려고 한다.

7유형

- **성장방향: 5번**

집중력이 있고 생각에 깊이가 있으며 다양한 감정들을 담담하고 진지하게 받아들이고 주위에서도 진지한 사람으로 보며 새로운 시도나 변화에 대한 미래를 꿈꾸기보다 현실에서 차분하게 매사를 처리해 간다.

- **후퇴방향: 1번**

비판적이고 완벽하려고 하고 냉소적이고 잔소리가 많아지고 타인을 변화시키려 하고 조정하며 짜증이 많아지고 흑백 논리로만 판단하고 타인의 잘못을 용서하지 못한다.

8유형

- **성장방향: 2번**

남을 잘 보살피고 따뜻한 마음을 갖고 타인에게도 자신의 여린 모습도 드러내고 정이 깊어지고 상냥하고 부드러워지며 섬세하고 다른 사람의 행복에 관심과 신경을 쓴다.

- **후퇴방향: 5번**

두려움이 많아지고 혼자 있게 되고 소극적이며 자신의 감정을 무시하고 의기소침하며 죄책감에 빠지고 자신을 향해 공격의 화살을 돌리기도 하며 다른 사람이 자신에게 반항할지 모른다는 걱정을 하기도 한다.

9유형

- **성장방향: 3번**

우선순위를 정해 계획성 있고 신속하게 일을 성취해 내며 효율적인 시간관리를 하고 나태함에서 벗어나 자신을 계발하고 에너지가 많아지며 열심히 노력하고 유능해지며 건설적인 자세를 보이고 자신감을 갖고 타인의 평가에 좌우되지 않으며 자신의 길을 꿋꿋하게 걸어간다.

- **후퇴방향: 6번**

수용과 포용력 없이 타인을 의심하게 되고 불안과 걱정으로 한 가지에 집착하고 자신감이 떨어져 만족보다는 걱정이 앞서고 사고의 유연성이 사라지고 수동적인 자세가 더욱 심해져 만사 귀찮고 게을러진다.

3. 에니어그램과 조직코칭

조직을 이끄는 리더는 구성원 간의 팀워크와 구성원 개개인의 성장과 발전을 이끌어 낼 수 있어야 최고의 성과, 최대의 목표를 이룰 수 있다. 이 리더는 구성원 한 사람 한 사람이 주도적으로 자신의 위치에서 리더로서의 역량을 최대로 발휘할 수 있도록 지지하고 지원해야 한다. Aldag와 Kuzuhara(2002)에 의하면 조직성과를 향상시키는 데에는 리더들의 커뮤니케이션이 매우 중요하고, 그것은 주로 구성원들에 대한 코칭으로 더욱 효과적으로 이루어질 수 있다. 이때 상사 또는 리더가 다음과 같은 코칭행동을 보여준다면 성과향상에 큰 영향을 미칠 것이다.

첫째, 서로 존중하고 열린 마음이 되도록 한다.

둘째, 상대방의 욕구나 관심을 이해해야 한다.

셋째, 공감적으로 조명하는 경청을 해야 한다.

넷째, 상대방의 가치관, 관점, 사고 등의 차이를 존중해야 한다.

다섯째, 서로 목표를 공유해야 한다.

여섯째, 의미 있는 피드백을 해야 한다.

일곱째, 공정하게 평가하고 지원해야 한다(최치영, 2003).

『손자병법』에 '지피지기 백전불태(知彼知己 百戰不殆)'라는 말이 있다. 상대를 알고 나를 알면 백 번을 싸워도 위태롭지 않다는 뜻이다. 이것을 에니어그램을 활용해 조직코칭에 적용해 보면 리더가 자신의 성격과 매니지먼트 스타일을 알고 팀원들의 특성을 파악하고, 그 대처법과 활용법까지 안다면 그 어떤 어려움에도 흔들리거나 위태롭지 않다고 할 수 있다. 여기에 팀원들이 최고의 시너지를 창출할 수 있도록 개개인의 잠재력과 재능을 인정하고 최대로 발휘할 수 있도록 리더가 코치의 마인드로 코칭기법을 적용한다면 더욱더 막강한 조직을 만들 수 있을 것이다.

4. 에니어그램과 부모코칭

인간행동을 역동적으로 이해하는 에니어그램은 다양한 사회경제적 배경을 지닌 부모들로 하여금 그 접근성과 수용성을 높일 수 있다. 또한 현재의 부모양육 상태를 진단하고, 기대목표를 성취할 수 있도록 다양한 의사소통기술로 지지하는 부모코칭과 에니어그램의 통합적 접근은 건강한 부모-자녀관계를 돕는 새로운 대안이라 할 수 있다(한국부모코칭센터, 2005).

한국부모코칭센터에서 실시하고 있는 '비전에니어부모코칭'은 에니어그램과 부모코칭의 통합모델인 MAGIC 프로세스 모델을 적용하여 부모가 자녀와 상호작용하는 데 실제적 도움을 줄 수 있는 우리나라에서 최초로 개발된 프로그램이라 할 수 있다.

부모코칭에 에니어그램의 성격을 활용하는 것은 효과적인 부모역할의 수행 및 성숙한 부모-자녀관계의 유지에서 두 가지 물음에 대한 해답을 제공한다. 첫째는 자녀의 가능성과 잠재력이 무엇인가에 대한 해답이 에니어그램이라면, 둘째로 자녀의 가능성과 잠재력을 어떻게 개발할 것인가에 대한 접근은 부모코칭이라 할 수 있다. 그러므로 에니어그램을 활용한 부모코칭을 개념 정리하면, 부모와 자녀가 각각 타고난 에니어그램 성격유형을 서로 이해하고, 성장하도록 지지하는 코칭 커뮤니케이션 시스템이라고 할 수 있다(이소희, 2006).

에니어그램을 활용한 부모코칭의 접근은 다음과 같은 목적을 지닌다.

첫째, 부모가 자신의 성격과 자녀의 성격특성을 제대로 이해하지 못하여 양육하는 과정에서 오는 갈등과 불만을 해소할 수 있다.

둘째, 부모가 자신감을 가지고 양육에 임함으로써 부모와 자녀의 동반 성장을 이룰 수 있도록 지지할 수 있다.

셋째, 부모 개인은 물론 아동과 가족 및 사회의 건강한 발전을 도모함으로써 예방 아동-가족복지의 실현을 앞당길 수 있다(한국부모코칭센터, 2008).

에니어그램 유형별 부모의 자기 수용과 성장을 돕는 코칭 전략

- 1유형: 유연성을 갖고 현재를 즐긴다.
- 2유형: 사랑을 받는 것은 내가 무엇인가 해주기 때문이 아니라 '나'이기 때문임을 느낀다.
- 3유형: 일을 진행하면서 자신의 감정을 인정하며 느낀다.
- 4유형: 평범한 것에도 아름다움과 특별함을 느낀다.
- 5유형: 생각하는 즐거움에서 행동하는 즐거움을 생각한다.
- 6유형: 자신이 내린 결정에는 신중함과 실천할 수 있는 용기가 있음을 생각한다.
- 7유형: 다양한 경험보다 오랜 경험에서 얻어지는 많은 유익을 생각해 본다.
- 8유형: 자신 안에 있는 부드러움과 더불어 함께하는 즐거움을 실천한다.
- 9유형: 문제나 자신의 감정에 대한 인식과 직면을 위한 의도적인 실천을 한다.

활동 6-1 내가 알고 있는 나와 남이 알고 있는 나

당신의 성격에 대해 깊이 있게 생각해 보고 당신이 생각하는 성격 강점과 다른 사람들이 들려준 성격 강점을 쓰세요.

내가 아는 나	남이 아는 나

- 내가 아는 나와 남이 아는 나의 차이에 대해 생각해 봅니다.

- 가장 나다운 것을 고르고 지금까지의 삶을 통해 스토리텔링합니다.

활동 6-2 내 성격 이미지

당신의 성격적 특성을 다른 성격의 사람들이 이해할 수 있도록 그림으로 표현해 보세요.

리더십과 코칭

chapter 07

07 chapter 리더십과 코칭

1. 리더십코칭의 개념

오늘날 4차 산업혁명은 우리의 살아가는 양식과 개인 및 조직 구성원으로서의 역할도 새로운 변화를 요구하고 있다. 즉, 우리에게는 인간 고유의 본성과 역량, 잠재력을 찾아내고 그것을 개발시키는 것이 진정으로 필요하다. 인간이 지니고 있는 창조적 문제해결 능력, 다양성과 유연한 사고, 긍정성, 효과적인 의사소통과 상호작용, 그리고 새로운 데이터를 도출하는 능력을 배양하기 위한 새로운 패러다임이 필요하다.

이 새로운 패러다임은 바로 코칭리더십을 말하며 코칭은 무한한 인간의 잠재 가능성을 믿고, 자기 스스로 더 나은 발전을 실현할 수 있도록 격려하고, 지지하는 것을 추구한다(도미향, 2019).

조직에서 가장 큰 리스크는 준비되지 않은 자가 리더로 임명되는 것이라는 말이 있듯이, 21세기의 지식정보화사회에 가장 필요한 덕목이 바로 리더십이기 때문이다. 또한 코칭은 리더십을 발휘하는 실천적 기술이며 커뮤니케이션 기법으로서 21세기의 리더가 갖출 필수 덕목이기 때문에 리더십코칭은 21세기를 살아가는 현대인들에게 가장 매력적인 관심 대상 중의 하나이다.

현대사회가 정보화, 다원주의화, 세계화되면서 과거에는 통솔력과 경험으로 리더십을 발휘하였다면 미래는 통합능력이나 변화와 혁신의 리더십을 발휘하여야 한다. 즉, 과거에는 효율성과 경제성, 확률게임, 지시나 명령, 권위적인 리더십, 일이나 업적 중심의 리더십이었다면 앞으로는 환경적인 요인에 의해 과거의 경험으로는 해결할 수 없는 변화나 미래에 대한 불확실성 증대, 혁신에 대한 요구가 다양하여 새로운 유형의 리더를 필요로 하고 있다. 이렇게 볼 때 미래의 리더는 새로운 가치를 창조하고 불확실한 일들에 대한 대처 능력을 필요로 한다. 위임이나 요청, 협조, 지원을 필요로 하며 관계 중심적이고 도전적, 자율적이며 창조적, 능동적인 리더가 필요하다.

리더십의 어원적 의미는 리더(leader)와 십(ship)이 합쳐진 것으로 '배가 목적지에 도달하도록 이끄는 자'라는 의미의 복합어이다.

전통적으로 이끄는 자는 나 아닌 다른 사람을 이끌 때 주로 사용하였으며, 이러한 개념은 오랜 역사를 거쳐서 일반화되었다. 그리고 이에 대응하는 용어는 따르는 자의 의미를 지닌 follower이다. 결과적으로 leader-follower는 구조적으로는 수직적 개념으로, 기능적으로는 지시-순종 내지는 지배-복종 관계로 이해되었다(이소희, 2003). 그래서 일반 사회에서 리더라는 사람은 강력하고도 유능한 관리 능력을 갖춘 사람으로 보았으며, 그래서 소위 말하는 보스(boss)적 기질이나 위풍당당한 카리스마(charisma)적 태도와 같은 용어가 시사하는 특성을 지니고 있어야 훌륭한 리더라고 본 경우가 많다(홍사중, 1997).

Day(2001)는 코칭이란 리더의 행동과 밀접한 관계가 있으며 리더는 구성원에게 관심을 가지고 구성원과 협력적 관계를 통해 동기부여하는 것이라고 정의하였고, 리더십이란 조직의 구성원들이 자신의 임무를 스스로 완수하고 문제를 바람직한 방향으로 잘 해결할 수 있도록 창의적인 분위기를 조성하는 것이라 하였다. 또 다른 연구자들에 의한 정의를 보면 코칭은 한 개인이나 그룹을 현재 있는 시점에서 그들이 바라는 더 유능하고 만족스러운 지점까지 나아가도록 인도하는 기술이며(Crane, 2002; Bloom et al., 2005), 개인의 변화와 발전을 지원하여 잠재력을 극대화시키며 이를 통해 자기의 삶을 주도적으로 이끄는 리더로 성장시키는 파트너십 과정이라고 정의된다(도미향 외, 2008).

리더십코칭은 조직의 핵심 리더들의 리더십 스킬을 향상시키는 것에 초점을 두는 코칭 영역(한국코칭학회, 2009)이며, 개인과 조직원의 가능성과 잠재력을 성장시키기 위하여 코칭적 스킬을 사용하는 리더십으로(Lanigan, Peterson, & Jewett, 2006; Reggio & Reichard, 2008), 최상의 인재를 개발하고 개인 역량 및 조직의 성과를 극대화하기 위하여 동기 유발, 커뮤니케이션 스킬 등을 사용하며, 이를 통하여 개인과 조직의 가치와 목표 달성을 극대화한다. 리더십에서 가장 중요한 것이 커뮤니케이션 스킬이며 그것을 배양하려면 코칭기술이 필수적이다. 코칭에 대한 선행연구들의 정의를 살펴보면 〈표 7-1〉과 같다.

따라서 이상의 정의를 통해 볼 때, 궁극적으로 개인은 코칭기술을 통해 리더십을 발휘할 수 있으며 이러한 리더십코칭은 모든 조직상황

〈표 7-1〉 연구자에 따른 리더십코칭의 정의

연구자	정의
Schein & Lippitt(1966)	리더의 행동은 구성원들에게 관심을 가지고 실제로 협력하고 조력을 하고 동기를 부여하는 것
Likert(1967)	리더는 구성원에게 신뢰적, 개방적, 동기부여 직무의 성과를 높이는 것
Kats & Kochan(1985)	아랫사람들이 리더의 영향력 행사를 합법적으로 받아들이고 공동된 목표를 둘러싸고 리더와 아랫사람들이 통일을 이루는 것
Stowell(1986)	코치의 목표 설정, 방향 제시, 동기부여, 가르치기, 피드백, 인간관계를 포함하는 것
Krane(2002)	개인적 효율성을 높이기 위해 알고 있는 무언가를 용기있게 실천하도록 도와주는 일
Hunt & Weintraub (2002)	상대방에 대한 충분한 지원을 통해 긍정적인 반응을 일으키고 리더의 충분한 피드백을 통해 구성원의 성과에 영향을 주는 것
Whitmore(2002)	구성원에게 동기부여를 통해 조직에 몰입하게 하는 성과 지향적인 행동
Aldag & Kuzuhara(2002)	구성원과의 커뮤니케이션을 통해 서로 존중하며 상대방의 욕구에 관심을 가지는 프로세스
최치영, Stowell & Starcevich(2002)	구성원들에게 긍정적인 영향을 미치는 양방향 커뮤니케이션으로서 지속적인 역량 개발을 하게 하는 프로세스
G. Kollins(2004)	한 개인이나 그룹을 현재 있는 지점에서 그들이 바라는 더 유능하고 만족스러운 지점까지 나아가도록 인도하는 기술이자 행위
국제코치연맹 (IFC. 2007)	인생, 경력, 비즈니스와 조직에서 뛰어난 결과를 달성할 수 있도록 도와주는 지속적이며 전문적인 관계
최효진(2007)	많이 듣고 질문하고 잘못된 결정을 막아주고, 어떤 일에 있어서 탐구하고 조사하며 위임을 해주어 의욕을 갖게 하며 구성원이 함께 움직이는 것
도미향(2008)	개인의 변화와 성장을 위해 현재를 탐구하고 미래를 계획하며, 잠재력을 극대화시켜 삶을 주도적으로 이끄는 리더로 성장시키는 파트너십 과정

출처: 최치영(2004); 도미향(2008)을 재정리.

에서 다른 사람의 사고, 감정, 행동에 의미 있는 영향을 미치게 되는 능력이라고 정의할 수 있다(도미향 외, 2010).

한편, 코칭리더십 분야에서의 연구성과를 살펴보면, 코칭의 효과로서 자아 관련 결과(self-related outcome)는 자아계발 및 발전에 관련되는 것으로서 자기인식, 자존감, 감성지능, 자기효능감 영역의 증가라고 하였으며(Dingman, 2004; Gegner, 1997a), 이순규(2008)는 그룹 코칭 프로그램이 간호사의 감성지능을 향상시키는 데 효과적이며, 나아가 자기효능감에도 긍정적 영향을 미치는 간호 중재 프로그램이라고 밝혔다. 직무관련 성과(job-related outcome)에서는 여러 연구들에서(Gegner, 1997a, McGovern et al., 2001; Olivero et al., 1997; Thach, 2002; Wasylyshyn, 2003) 관리자 코칭의 효과로서 직무만족과 조직몰입의 증가, 일과 가정생활 사이의 갈등이 감소하는 결과들을 보인다고 하였다(Barret, 2006).

국내의 연구를 살펴보면 리더의 코칭리더십이 종업원의 자기 효능감에 영향을 미치며, 상사의 코칭이 구성원의 역량과 의욕에 긍정적 영향을 미치며, 이는 다시 고객만족에 영향을 미치는 것으로 보고하였다(최은정, 2005; 최치영, 2003). 이와 같이 조직에서 상사의 리더십코칭이 구성원에 미치는 영향(김광석, 2000; 김정식 · 서문교, 2008; 김정제, 2009; 박재호, 2009; 최치영, 2004; 홍의숙 · 윤덕현, 2009)에 관한 연구와 코칭을 통한 리더십 향상 방안(이화자, 2007; 장태관, 2005; 한허정, 2007) 등 다양한 측면에서 연구가 이루어지고 있다.

리더(leader)와 관리자(manager)의 차이를 보면 리더는 'What'을 강조하는 반면 관리자는 'How'에 초점을 맞추고 있다. 리더는 사람을 주도하지만 관리자는 일이나 프로그램 혹은 자원을 관리하고 있다. 리더는 효과성을 추구한다고 보면 관리자는 효율성을 추구한다. 리더는 방침을 정한다면 관리자는 방침을 따르는 것에 그 초점을 두고 있다.

보스형 리더십은 자기 혼자 많이 말하고 방향을 주도하고 결정하고 추정하며 단정한다. 또한 통제하려 하고 지시, 명령으로 움직이려 한다. 결과를 우선시하여 이유나 원인 또는 잘잘못을 따지며, 권위적이며 카리스마적인 색깔을 가지고 있다. 그러나 코치형 리더십은 많이 듣고 질문하고 잘못된 결정을 막아주고, 어떤 일에 있어서 탐구하고 조사하며 위임을 주어 의욕을 갖게 하며 중요한 것은 구성원이 함께 움직인다. 과정을 우선시하며 책임을 나눠지고 관계를 중요시하기 때문에 유지하기 위해 돌보고 지원해 주는 것이다(최효진, 2007). 지금까지 이 장에서는 도미향(2007a)의 리더십과 코칭에 대한 내용을 재정리하여 제시하였다.

> 리더십은 일정한 상황하에서 목표달성을 위해 개인이나 집단행위에 영향력을 행사하는 과정이다.

2. 리더십의 이론

1950년대에서는 특성이론이 1960년대에서는 행동스타일이론이 발전되었고 상황이론은 1975년에, 변혁이론은 1980년대에서 발전됨을 알 수 있다. 즉, 리더십이론의 발전은 1930년대부터 1950년대까지는 개인의 특성에 따라 리더가 될 수 있다고 가정하였으므로 리더와 리더 아닌 사람을 특성으로 구분하였다.

그러나 1950년대부터 1960년대까지는 이러한 개인의 특성이 리더를 만드는 것이라는 가정보다는 리더의 행동에 따라 부하들의 성과가 달라진다는 가정을 하여 리더의 행동에 따라 성공적 리더와 성공적이지 못한 리더가 구분된다는 것을 강조하였다.

그리고 1970년대의 복잡다단한 사회현상과 세계정세 속에서 한 사람의 이상적인 리더가 조직을 이끌어 간다는 것은 타당하지 않다는 가정을 하면서 오히려 상황에 따라 리더의 행동이 종업원, 부하들의 성과나 만족 등을 가져올 수도 있고 그렇지 못할 수도 있다는 것을 인식하기 시작하였다. 그래서 리더의 행동이 부하들의 특성과 상황에 따라 다른 결과를 가져온다는 것을 강조하는 상황이론이 대두하게 되었다.

리더란 태어난다든가 혹은 여러 가지 특질을 함양함으로써 만들어질 수 있다는 입장을 견지하는 이론이다. 즉 리더가 어떠한 특질을 가지고 있어야 하는가를 여러 측면에서 조망한 것이다. 신체적으로는 너무 왜소하면 남 앞에 나서기를 꺼리고, 외모도 다른 사람들에게 매력적으로 보여야 할 뿐 아니라 나이가 너무 어려도 리더가 되기에 부적합하다는 등의 특성을 말한다. 또한 부하들과 사회적 배경이 너무 동떨어진 사람은 리더가 되기에 부족한 것으로 인식한다. 교육 정도가 높고 사회적으로 존경받을 만한 가정에서 태어나 아무나 가질 수 없는 계층에 있는 사람이어야 한다는 식이다. 판단력이 뛰어나야 하고 의사결정을 할 때는 단호하고 언변이 출중한 사람이 사람들을 리드할 수 있다.

개인적 특성으로 독립심이 강하고 다른 사람을 지배하려는 성향과 과감성과 공격성 등이 있어야 한다. 과업 관련 특성으로는 성취욕구가 강하고 일을 주도적으로 이루어 나가며 끈질긴 인내성과 책임을 질 줄 알고 구성원들에 대한 관심과 배려를 하는 등 많은 특성이 요구된다. 또 사회적 특성으로는 감독 능력, 부하들과 외부 인사와의 관계에서 협동하는 자세, 원만한 대인관계능력, 부분을 고려하더라도 전체를 통합할 줄 하는 능력과 권력욕구가 강해야 한다는 등이다. 이러한 특성을 갖추었을 때 리더가 될 수 있다는 이론이 특질이론이다.

오늘날 많은 지지를 받고 있는 리더십은 변혁적 리더십이다. 이는 리더가 강한 도덕적 가치관이나 이상을 갖고 목표달성을 위해 자신뿐만 아니라 부하들의 동기를 유발하여 상호 발전하도록 하는 리더십이다. 1978년에 James MacGregor Burns 'Leadership(1978)'은 부하와 리더의 목표에 보다 더 효과적으로 도달할 수 있도록 부하의 동기를 자극하는 사람이라고 정의하고 있다.

〈표 7-2〉 리더십 이론의 특징

특성 / 이론	핵심질문	주요 연구자
특성이론 (1930~1950)	• 리더는 태어나는 것인가? • 리더가 될 자질을 가지고 있는가?	• Tead(1951) • Stogdill(1948)
행동이론 (1950~1970)	• 선호하는 리더십 스타일이 있는가? • 조직에 있어서 효과적이고 비효과적인 리더의 행위가 있는가? • 일의 과업과 인간에 대한 관심 사이의 균형을 유지하는 리더의 행위가 효과적인가?	• Lewin(1939) • Tannenbaum & Schmidt(1973) • Halpin & Winer (1952) • Blake & Mouton (1964)
상황이론 (1970~)	• 효과적인 리더의 행위 유형은 조직의 상황에 관계없이 동일한 것인가? • 조직이 처한 상황적 맥락은 리더의 행위에 어떠한 영향을 줄 수 있는가?	• Fiedler et al. (1963) • Reddin(1971)

변혁적 리더십은 거래적 리더십과 비교해 볼 수 있는데, 거래적 리더십은 리더와 부하 사이의 교환관계로서 많은 리더십 모델에서 볼 수 있듯이 리더십을 거래로 파악하는 것이다. 예를 들어 공약으로 승리한 정치가나 관리자 또는 교사와 학생을 들 수 있다. 그리고 변혁적 리더십은 리더와 부하 모두의 동기 유발 또는 도덕 수준을 높이는 과정으로 부하의 동기나 욕구에 관심을 가지고 능력발휘를 할 수 있도록 도와주는 노력으로 마하트마 간디의 모습이 대표적이다.

이상의 리더십 교육의 발전단계를 보면 집체교육에서는 교사가, 상담에서는 고고학자들이, 컨설팅에서는 전문가가 교육을 하고 있다. 또한 멘토링에서는 숙련자가 하고 있고, 코칭에서는 교향악단의 지휘자가 리더십 교육을 담당하고 있다고 할 수 있다(최효진, 2006).

리더십 코치의 특성은 다음과 같다(한국코칭학회, 2019).

코치형 리더십을 발휘한다면 타인의 말에 경청하고, 가야 할 방향과 목표를 함께 의논하고 상대를 존중하고 배려한다. 또한 질문하고 과정 자체를 인정하고 격려하고 지원해 주는 태도가 중요하다.

보스형 리더십에서	VS	코치형 리더십으로
• 자기 혼자 많이 말한다.		•
• 자기 이야기를 한다.		•
• 방향을 주도, 결정		•
• 추정, 단정		•
• 통제하려 한다.		•
• 지시, 명령		•
• 타인을 통제한다.		•
• 결과를 우선		•
• 이유, 원인, 잘못을 따진다.		•
• 거리를 유지한다.		•
• 권위적, 카리스마적		•

지시형 리더십에서 코칭리더십으로 변화한다면 리더는 지시하기보다는 함께 공유하고, 함께 방향을 설정하도록 해야 한다. 그리고 능동적으로 열정을 다하도록 격려하고 창의력을 높이고 적극적으로 자아실현이 되도록 지원해주는 리더가 되어야 한다. 이런 조직은 장기적으로 발전하고 살아남게 된다.

지시형 리더십에서	VS	코칭 리더십으로
• 이렇게 하라 지시 • 수동적인 자세 • 창의력을 죽임 • 문제해결능력이 없어짐 • 책임감 감소 • 소극적으로 변함 • 열정이 사라짐 • 자아실현의 욕구 없음 • 변화 속에서 이런 조직은 해체될 가능성이 높음		• • • • • • • • • •

3. 리더십 유형과 셀프코칭

1) 리더십의 유형

리더십의 유형은 다양하고 학자들마다 다르게 나누고 있으나 여기에서는 코칭리더십과 관련이 깊은 리더십을 자기리더십과 섬김리더십, 변환리더십으로 나누어 살펴보고자 한다.

(1) 자기리더십

자기리더십(self leadership)은 스스로 자기 자신에게 영향을 미치기 위해, 즉 자기 영향력을 행사하기 위해 사용되는 사고 및 행동 전략의 일체이다(Manz & Sims, 2001). 즉, 구성원들이 높은 성과를 올릴 수 있도록 외부로부터가 아닌 자기 자신의 자율적인 힘을 갖는 것이 자기 리더십이다.

(2) 섬김리더십

섬김리더십(servant leadership)에서 리더는 먼저 보고 앞서는 사람으로 리더에게는 방향제시의 측면과 섬김의 측면이 반드시 공존해야 한다(Greenleaf, 1991).

(3) 변환리더십

변환리더십(transformational leadership)은 구성원의 업적과 관련되어 있으며 구성원이 가진 잠재력을 최대한 개발하는 것과도 관련되어 있다(Bass & Avolio, 1990). 변환 리더십을 발휘하는 사람은 대부분 강한 일련의 내적 가치관과 이상(궁극적 목표)을 가지고 있으며, 그들은 구성원이 그들 자신의 이익보다는 먼저 공동체의 이익을 위해 행동하도록 만드는 데 뛰어난 자질을 보인다(Kuhnert, 1994).

코치로서의 자신인식 : 나는 코치형 리더인가?

2) 셀프코칭

셀프코칭은 Stephen Covey 박사의 7가지 습관(7H)을 중심으로 살펴보고자 한다.

습관이란 인식(Knowledge), 기량(Skill), 그리고 욕구(Desire)의 혼합

체라고 정의할 수 있다. 인식이란 우리가 무엇을 해야 하고, 또 왜 하는지를 파악하는 것이다. 기량은 어떻게 해야 하는가, 즉 방법을 말한다. 욕구란 하고 싶어 하는 것, 즉 동기 유발을 말한다. 습관을 익히기 위해서는 이 세 가지 요소를 개발해야 한다(7Habits). 그리고 우리가 원하는 결과는 다음 모델에 명시된 몇 가지 중요한 요소에 의해 얻어진다. 우리가 얻은 결과를 변화시키려면 원칙에 따라 이러한 요소들을 바꾸어 주어야 하고, Stephen Covey의 '7가지 습관'은 셀프코칭에 유용한 도구이다([그림 7-1] 참조).

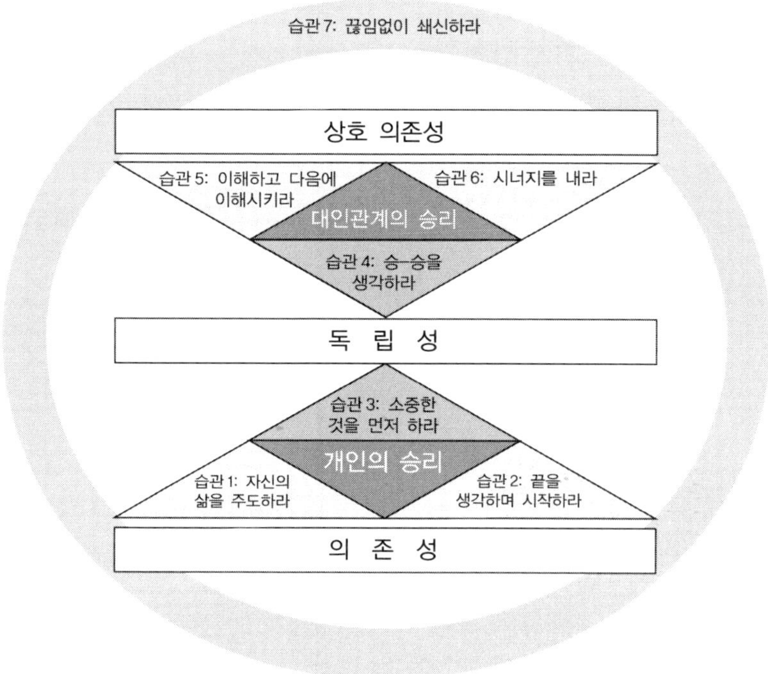

[그림 7-1] 스티븐 코비의 7가지 습관

출처: 한국리더십센터(2017).

그리고 인간의 상호작용에는 여섯 가지 패러다임이 있다. 승-승, 승-패, 패-승, 패-패, 아니면 무거래로 나눌 수 있는데 코칭 시 승-승(win-win)패러다임, 혹은 무거래법을 적용하여 코칭이 가능할 것이다. 승-승패러다임은 서로 이익을 추구함에 있어서 경쟁이 아니고 협조적이고 더 많이 경청하고 충분한 대화를 나누고, 잘못을 지적해 주는 용기, 상호 의존적 관계 도달을 위한 최선 다하기, 풍요의 심리에 바탕을 둔 인간 상호작용과 성품에 기초한 상호작용을 말한다(한국리더십센터, 2017).

윈-윈의 네 가지 차원은 성품, 대인관계, 윈-윈 합의서, 조직체계의 업무 프로세스에 연결되어 있다. 즉, 가르침, 합의, 인내, 코칭, 지원, 합의 순으로 승-승 합의서를 계획할 수 있는 것이다. 승-승 합의서를 쓸 때 서로가 시너지 창출을 위해서는 구성원의 욕구를 확인함으로써 제3의 대안을 찾을 수 있다. 다양한 방법을 함께 생각해야 하며 서로의 생각을 나눌 때에 서로에게 변환자가 되어줄 수 있다.

4. 리더십과 조직코칭

1) 조직리더십의 구성

7가지 습관은 4가지 차원, 즉 개인, 대인관계, 관리, 조직차원의 모든 리더십에 적용된다. 우리는 안에 있는 원에서 밖의 원으로 나가면서 자신에 대한 신뢰성을 구축함으로써 자신의 내면에서부터 외부의 다양한 대인관계에 이르기까지 신뢰를 형성하여, 인간관계를 향상시킬 수 있다. 신뢰가 축적될수록 확신을 가지고 조직 내의 구성원과 집단에게 임파워먼트(Empowerment)시킬 수 있어서 원하는 결과를 얻게 된다. 임파워먼트를 받은 개인을 통해, 이해 당사자들의 각종 욕구를 충족시켜 주기 위하여 조직의 시스템과 구조를 조직의 사명과 전략에 맞게 한 방향으로 정렬시킬 수 있다. 그렇게 되면 임파워먼트는 더 많아지고 신뢰는 더 높아진다.

개인 리더십은 신뢰성에서 비롯된다. 다른 사람을 효과적으로 지도하려면, 먼저 자기 자신을 효과적으로 지도할 수 있어야 하며, 각 개인은 신뢰성 있는 사람이 됨으로써 다른 사람들이 그를 리더로서 신

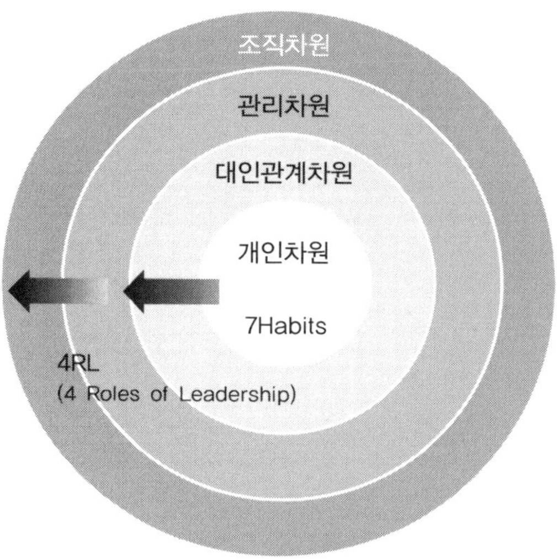

[그림 7-2] 4가지 리더의 차원

출처: 한국리더십센터(2005).

뢰하기 시작한다. 그리고 대인관계 리더십은 신뢰 위에 구축된다. 신뢰는 인간관계를 대단히 강하게 해주는데, 신뢰성을 갖춘 사람들로부터 신뢰가 생겨 나온다(도미향 외, 2010).

2) 방향설정

방향설정은 앞으로 할 행동에 대한 청사진 설계도를 만들고, 잘 통합되고 일관적인 계획을 세우는 것이다. 이 방향설정은 고객에게 주고자 하는 것과 고객이 얻고자 하는 것을 이어주는 길을 명확하게 밝혀준다. 따라서 방향설정을 바르게 하기 위해 먼저 사명과 가치를 정하고, 이해당사자의 욕구를 연결해 줄 수 있는 비전과 전략은 매우 중요하다. 그러므로 이 방향설정에서는 조직의 모든 사람들이 공유하는 가운데, 적극적으로 참여하여 활동할 수 있는 방향으로 설정된다. 곧 이 설정 과정은 단순히 틀에 짜여진 것이 아니라 모든 조직이 참여한 가운데 역동적으로 이루어지고, 합의를 이끌어 내도록 구성되는 것이다(이소희 외, 2004).

리더는 방향설정(Pathfinding), 즉 어디로 갈 것인가 하는 올바른 방법을 찾는다면 관리자는 Speed, 즉 어떻게 도달할 것인가 하는 올바른 방법에 초점을 맞추고 있다. 이러한 방향설정에 있어서 당신에게 누가 중요한가, 당신의 소중한 사람에게는 무엇이 가장 소중한가, 당신의 목적은 무엇이며, 어떻게 서로를 향해 나아갈 수 있으며 당신은 어디로 가며 당신이 가고자 하는 방향으로 어떻게 도달할 수 있는가를 질문해 볼 수 있다. 그리고 방향설정은 미션(mission)과 가치(values)를 통해 이루어진다(한국코칭학회, 2018).

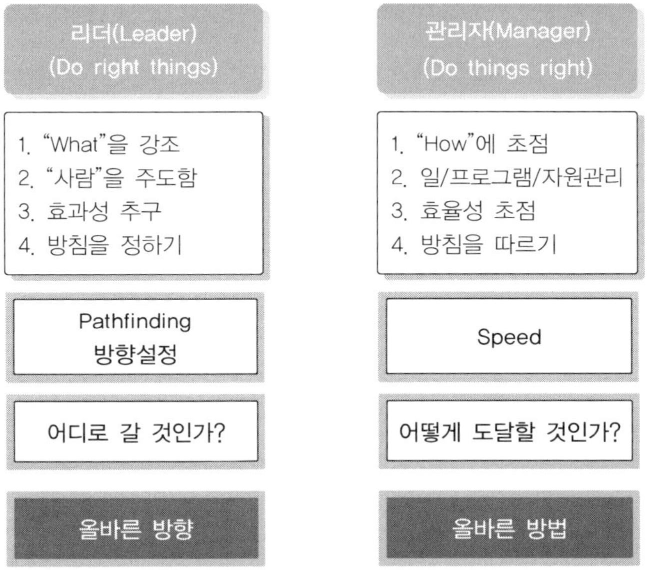

[그림 7-3] 관리자에서 리더로 이동

스타벅스가 설정한 미션과 가치를 살펴보면 미션이 사람들이 편안하게 모여서 공감대를 형성할 수 있는 로맨틱한 장소를 만드는 것이라면, 가치는 훌륭한 작업 환경을 제공하고 서로서로 존경과 품위로 대한다. 비즈니스를 하는 방법에 있어서 다양성을 필수 요소로 포용한다. 최고 수준의 기술로서 신선한 커피를 제공하여 고객들이 항상 만족할 수 있도록 노력한다. 또한 우리 사회와 환경에 적극적으로 공헌한다. 수익성은 우리 미래의 성공에 필수적이라는 것을 인식한다(Starbuck, 2006).

한편, 좋은 사명서가 갖추어야 할 네 가지 요소는 첫째, 쉬운 문장, 쉬운 이해, 쉬운 암송이 가능해야 한다. 둘째, 평생의 활동을 포괄할 수 있어야 한다. 셋째, 자신의 정체성과 잘 부합되어야 한다. 넷째, 타인의 지지를 얻을 수 있어야 한다고 볼 수 있다.

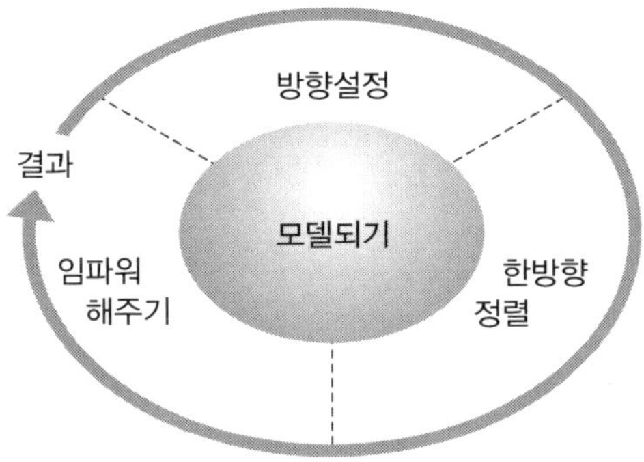

[그림 7-3] 리더의 4가지 역할

출처: 한국리더십센터(2005).

■ 비전과 미션을 위한 코칭 질문

- 집단과 공유하고 싶은 것을 얼마나 공유하고 있습니까?
- 서로가 변화를 거듭하는 과정에서, 지금 이 순간 당신이 바라는 것은 무엇입니까?
- 집단의 유대를 강화하고, 돈독하게 하기 위해 당신이 할 수 있는 것은 무엇입니까?
- 당신이 다른 사람과 가장 공유하고 싶은 것은 무엇입니까?
- 만약에 상대방의 입장이 되어 바라보면 어떤 식으로 받아들여집니까?
- 당신은 집단에 어떤 영향을 주고 있습니까?
- 집단과 어떤 관계를 맺는 것이 당신의 이상입니까?
- 당신이 목표로 하는 집단의 상관도를 그려 보세요.
- 그중에서 당신은 어떤 위치에 있으며, 누구에게 어떤 힘을 행사하고 있는지 생각해 보세요.

- 집단의 실제 모습은 어떤 관계를 형성하고 있습니까?
- 사실적인 지금 현재의 관계를 그림으로 그려 보세요. 이상과 현실의 차이는 어느 정도일까요?
- 현실을 이상으로 바꾸기 위해 우선 당신이 해야 할 일은 무엇입니까?
- 집단과 당신의 사명은 무엇인가요?
- 집단을 가장 잘 나타낼 수 있는 문장을 한 문장으로 기술해 보세요.
- 당신이 어렸을 때 어떤 것에 가장 흥미를 느꼈습니까?
- 어릴 때 특별히 잘 했던 일은 무엇입니까?
- 당신의 가장 큰 장점은 무엇입니까?
- 당신의 주변사람들에게 많이 들은 자신의 장점은 무엇입니까?
- 당신에게 가장 큰 영향을 준 사람은 누구입니까?
- 세상에서 당신을 가장 흥분시키는 것, 세 가지만 적어 보세요.
- 사는데 아무런 제약이 없다면 당신 자신에게 무엇을 주고 싶습니까?
- 가장 가치가 있다고 생각하는 것 다섯 가지를 나열해 보세요.
- 모든 것을 다 바쳐서라도 한 번 해보고 싶은 일이 있습니까?
- 지금까지 어떤 일을 할 때 가장 행복했습니까?
- 돈과 시간이 충분하고 현재 당신에게 주어진 책임이 없다면, 하고 싶은 일 세 가지는 무엇입니까?
- 당신의 핵심가치는 무엇입니까?

사명서 작성하기

나 __________의 인생의 사명은

집단, 단체, ____________에 의, 을, 를 위하여,

______________________________과 함께

핵심가치 ________________를

(동사 1-3) ____________________하는 것이다.

년 월 일

이름 :

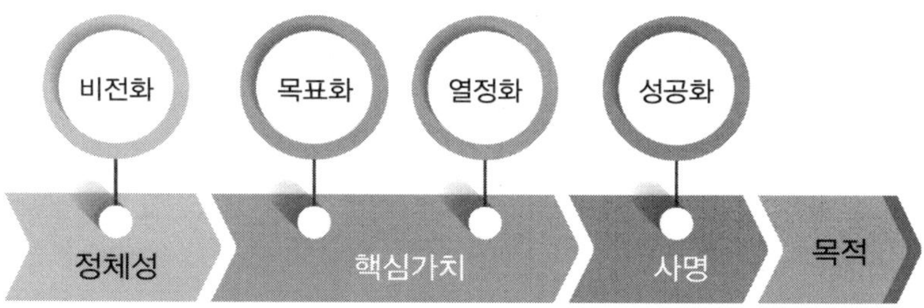

3) 한방향정렬

방향설정이 길을 찾는 것이라면 한방향정렬은 그 길을 포장하는 것이라 할 수 있다. 이렇게 볼 때, 조직은 얻고자 하는 결과에 한방향으로 정렬되는 것이 효과적이다. 그렇지 않으면 원하는 결과를 얻기 어렵기 때문이다. 따라서 조직의 리더는 조직의 체제, 업무 절차, 구조를 방향설정에서 발견했던 바라는 결과에 맞추어 한방향으로 정렬시키는 데 주안점을 두게 되는 것이다. 이 한방향정렬에서는 여섯 가지 옳은 조건과 전체를 이해하는 안목을 활용하면 구체적인 실행 계획을 세우게 된다(이소희 외, 2004).

한방향정렬에 있어서 구성원은 어떻게 함께 움직이는가? 가족들은 각각 어떠한 역할을 해야 하는가? 기관의 비전을 성취하기 위해 구성원들이 어떻게 한방향으로 정렬할 수 있는가? 하는 질문은 도움이 된다.

영화 속에서도 이와 같은 코칭리더십이 나타나고 있는데 코러스 영화에서 임시직으로 부임한 음악교사 마티유는 아이들 한 명 한 명의 사정을 이해하고 잘못을 눈감아 주며, 음악을 통해 그들이 스스로 자신의 가능성을 찾아나갈 수 있도록 돕는데, 그것이 바로 코칭리더십의 한 예이다. 이 결과로 아이들의 노래 실력이 향상되고 화음이 맞아가면서 산만하고 제멋대로였던 아이들은 조금씩 변화하는데 이것은 코칭으로 인한 변화와 성장의 효과이다.

4) 임파워해주기

진정한 임파워먼트는 개인 간에, 그리고 팀 간에 높은 신뢰, 풍부한 의사소통과 대화를 통해서 혁신적인 결과를 얻어내도록 해준다. 그러므로 이러한 조직에서는 각 팀의 구성원들이 자신의 자질을 최대한 발휘할 수 있게 된다. 두말할 나위 없이 이러한 임파워먼트는 한방향으로 정렬된 조직에서 더 잘 이루어질 수 있다. 이때 유의해야 하는 것은 조직 성원들은 역할과 지위가 다르므로 서로 다른 수준의 임파워먼트가 필요하다는 것이다. 즉, 여러 가지 수준의 임파워먼트를 실행하면서 배우고, 다른 사람들을 격려할 때 조직은 최대의 성과향상을 이루게 되며, 행복한 조직생활을 영위하게 되는 것이다.

5) 모델되기

참 리더는 그 조직구성원인 팔로워(follower)에게 일을 해결하는 업무중심의 처리능력을 알려주거나 무엇을 해야 하는지를 알려주지 않는다. 그보다 더 중요한 리더 그 자신을 보여주는 것이다. 즉, '누가 나를 따를 것이며, 나는 스스로를 어떻게 책임지고 있는가'를 자문하면서 행함을 보여주는 것이다. 그러므로 이 모델되기는 방향설정, 한방향정렬 및 임파워먼트가 되었을 때 가능하다.

다른 사람들과의 신뢰를 구축할 때 다른 삶에게 나는 어떠한 모델인지를 확인해 볼 수 있는데 누가 당신을 따를까? 당신의 언행이 일치하려면 어떻게 해야 하나? 당신은 신뢰성을 갖추고 있나? 당신이 신뢰성을 갖추기 위해 어떤 일을 할 수 있나? 하는 질문들을 통해 확인할 수 있다.

NLP와 코칭

chapter 08

08 chapter NLP와 코칭

1. NLP 코칭의 개념

NLP(Neuro Linguistic Programming)란 오감을 통해 외부 정보를 받아들이고 경험하는 인간의 경험구조를 이해하고, 그런 구조를 변화시키는 방법을 체계적이고 과학적으로 전개한 이론이며 기법이다(O'Connor & Seymour, 2002). NLP는 신경학(Neurology), 언어학(Linguistics), 프로그래밍의 약자로서, 인간이 각각의 독특한 방식으로 높은 잠재력을 향해 끊임없이 움직이는 의식과 무의식 패턴의 설계과정이며, 사고, 언어, 행동 패턴을 연구한다.

Neuro는 신경을 의미하며 인간의 사고 패턴(thinking patterns)의 자각과 이들 사고 패턴이 인간의 생활에 어떤 영향을 미치는지에 관심을 둔다. 또한 개인의 성취의 근본적 원천은 개인의 내부에 있으며 인간 내부 자원을 어떻게 활용할 것인가를 학습한다. N은 신경(neuron)을 말하지만 우리의 마음을 지칭하기도 한다. 이것은 인간의 모든 행동은 신경적 기반을 가지고 있다는 것을 의미하며, 시각, 청각, 후각, 촉각, 미각을 느끼는 오관의 기능을 통해 외부로부터 정보를 받아들이고 그것에 의미를 부여하며 또 그 의미에 따라 행동하는 것이다.

Linguistic은 언어를 의미하는데, 인간의 생활이며, 인간의 생각 및 행동과 연결된 언어의 구조를 이해하고, 이것이 의사소통의 능력을 향상시키는 것을 배운다. 이 언어에는 말 이외에도 비언어적인 메시지에 의한 언어도 포함된다. 이 언어는 사람의 생각과 행동을 이끌어내고 또 타인과의 의사소통을 하는 도구로서 사용되며 인간의 사고, 신념, 태도와 같은 내면세계 또는 정신세계를 반영한다.

프로그램은 컴퓨터가 특별한 어떤 성취를 위해 프로그램을 사용하는 것과 같이 인간도 삶의 전략을 사용하는 것을 의미한다. 이 전략을 이해하고 사용함으로써 인간의 잠재성과 탁월성을 향상시킨다. 이것은 마치 컴퓨터의 소프트웨어를 업그레이드함으로써 그의 사고, 감정, 행동이 바뀔 수 있다는 점을 말해준다(O'Connor & McDermott, 1966). NLP는 1970년대 중반 미국 심리학자인 Richard Bandler와 언어학 교수인 John Grinder에 의해 개발되었다. 그들은 뛰어난 커뮤니케이터(communicator)를 관찰하고 그것을 통해 커뮤니케이션 스킬모델(communication skill model)을 정립했다.

한편, NLP 코칭에 관한 연구에서 보면 NLP 프로그램은 자아존중감과 자기주도성, 상호작용 등에 효과가 크다는 결과가 나타났다. 즉, 시설아동의 자아존중감과 자기효능감에 미치는 효과를 연구한 논문에서 코칭 프로그램이 아동에게 할 수 있다는 자신감을 심어주고 긍정적 자아개념을 형성하였고 이는 사회정서발달의 자아존중감 및 자기 효능감의 향상으로 이어진다는 연구가 보고되었다(장혜진, 2008). 또한 코칭 프로그램을 통한 부모와의 긍정적인 상호작용과 비전을 가지고 있는 유아기 아동이 자신의 문제를 스스로 해결해 자아존중감에 미치는 영향을 향상시키며, 나와 더불어 또래와의 관계형성을 통해 타인을 이해하고 존중하며 발달하게 된다는 연구도 보고되었다(전성희 · 도미향, 2008).

2. NLP의 신경 논리적 차원

Gregory Bateson은 저서 『Towards an Ecology of mind』를 통해 커뮤니케이션에는 환경(environment), 행동(behavior), 능력(capabilities), 신념과 가치(beliefs and values), 정체성(identity), 목적(purpose) 등 6단계의 자생적 위계(natural hierarchy)가 있다고 설명하고 [그림 8-1]과 같이 정렬모델(alignment model)을 제시하였다.

[그림 8-1] 정렬모델

출처: Knight(2007).

이에 대한 접근은 인간의 라포(rapport) 형성과 인관관계를 이해하는 데 도움이 된다. 이는 신경적 차원(neurological levels) 혹은 논리적 차원(logical level)이라는 이름으로 제시되기도 한다(O'connor & Ian McDermott, 1999).

이를 Dilts(1997)는 신경논리적 차원이라는 개념을 통해 인간의 사상, 사건, 관계, 조직에 대한 인간의 사고에 깔려 있는 구조와 패턴을 설명하고 있다. Dilts에 의하면 인간의 의식 수준(level)에는 환경, 행동, 능력, 신념과 가치, 정체성, 영적 수준의 여섯 가지 수준이 있는데, 환경수준이 가장 낮고 영성수준(spiritual level)이 가장 높은 수준이다. 일반적으로 하위수준이 상위수준에 영향을 미치기도 하지만 상위수준이 하위수준에 영향을 미친다. 이는 결과물(outcome)을 얻으려는 우리의 행동을 제한하거나 장려하는 것은 외부환경보다는 내적인 신념(belief) · 가치관(value)의 문제인 경우가 많다. 이를 세부적으로 살펴보면 다음과 같다(Bavister, 2004; 도미향 · 심교준, 2020).

1) 환경

환경은 신경논리적 차원(neurological level)에서 개인이 존재하는 장소와 함께 생활하고 있는 사람을 의미한다. 이는 가장 낮은 차원의 영역으로서, 자신이 처한 상태(사회적 배경이나 외부의 상황, 환경적 문제)에서 도출되는 문제이다. 이것은 언제(when), 어디서(where)라는 질문에 답이 되는 것이다.

2) 행동

NLP에서의 행동은 행위뿐 아니라 사고까지 포함한다. 인간의 행동은 우연히 일어나는 것이 아니라 의식적으로 목적을 추구한다. 하지만 늘 그 목적을 명확히 인식하지는 못한다.

3) 능력

사고의 전략과 신체적 기능이 포함된다. 이것은 삶을 살아가는 방법과 요령에 관한 것으로서 지식, 기술, 절차, 일을 하는 역량, 능력에 관련된 것으로 문제가 출발된다. 능력의 영역에서는 사람들의 정신적 지도나 계획, 또는 전략에서 문제가 나타나는 것으로서 어떻게(how)라는 질문의 답이 된다. 이 능력은 자신이 일을 성사시키기 위한 내적 자원과도 많은 연관이 있다.

4) 신념 · 가치

신념은 어떻게 될 것이라 믿는 것이고, 가치는 개인에게 중요한 무엇이다. 이 영역에서는 왜(why)라는 삶의 질문에 답이 나온다. 이것은 자신의 생활신조나 행동강령으로 삼고 있는 사상, 윤리, 도덕, 신앙, 자존심 등으로 나타난다. 여기서는 사람들이 그 일을 왜 해야 하는지, 그것을 하는 것이 자신에게 무슨 의미가 있는지에 대한 판단과 기준을 제공한다. Dilts와 Hallbom 그리고 Smith(2006)는 인간 행동의 변화가 없는 경우는 주로 이 신념체계와 관련되어 있다고 한다.

5) 정체성

정체성이란 개인의 마음속에 갖고 있는 신념이며 가치관이다. 정체성은 후천적으로 확립되며 변화된다. 정체성의 영역은 자아에 대한 철저한 인식을 하는 단계이다. 여기서, 나는 누구인가(who)에 대한 답으로서 나타나는 자신의 모습을 말한다. 사람들은 이 부분이 분명치 않으면 삶의 의미가 없어지고 심리적으로 불안한 상태에 이른다.

6) 목적

인간의 행동은 목적 지향적이다. 미약한 자신의 정체성을 뛰어넘어 세계 · 우주 · 인류 및 신과 교류하며 연결되는 차원이다. 영성(spirit)으로 표현되기도 한다.

3. NLP 코칭의 원리와 기법

1) NLP의 4가지 핵심원리

NLP에는 다음과 같은 NLP의 네 기둥인 네 가지 주요 핵심 원리가 있다(Truter, 2008; 도미향 외, 2019).

(1) Pillar one: 목표(outcome)

무엇을 원하는가? 목적, 목표가 명확하면 우선순위도 분명해진다.

그러므로 자신의 목표를 정확히 아는 것이 중요하다. NLP는 자신의 목표(goal), 표적(target)을 설정할 것을 요구한다. NLP에서는 이를 목표(outcome)라는 용어로 사용한다. NLP에서의 바람직한 목표는 SMART 기법에 적합해야 한다. 즉, 구체적(specific), 측정가능(Measurable), 획득가능(Attainable), 현실가능(Realistic), 시간가능(Timely)해야 한다.

자신이 원하는 것이 무엇인지, 목표가 무엇인지에 대한 끊임없는 질문을 통해 진정으로 원하는 것을 얻도록 도울 수 있다. 개인은 자신이 원하고 필요로 하는 것에 대해 장기적이거나 단기적인 목표를 갖는다. NLP에서는 이러한 것들을 목표성취(성과, outcome)를 위해 다음 사항을 고려하는 것이 좋다.

① 목표는 긍정적인 방향으로 표현하라

'무엇을 원하는가?'라는 질문은 개인을 바람직한 상태, 문제해결의 상태로 나아가도록 해준다. '무엇이 문제인가?'라는 질문은 현재 상태의 잘못에 집착함으로써 앞으로 나아가는 데 장애가 된다.

② 내가 해야 할 일과 다른 사람이 해야 할 일을 정하라

자신이 해야 할 일과 하지 않을 일을 구분함으로써 좀 더 에너지를 집중하여 목표를 향해 갈 수 있다.

③ 목표는 구체적으로 정하라

가능하면 목표를 세밀하고 구체적으로 그려보고 상상한다. 그 일을 성취하는 데 얼마나 시간이 걸릴지, 정확히 언제 달성하기를 원하는지 등 목표는 구체적일수록 현실적이 되어 기회가 많아진다.

④ 목표를 달성했음을 밝힐 수 있는 증거를 분명히 하라

목표를 달성했을 때 무엇을 보게 될 것인가? 무엇을 느끼게 될 것인가를 미리 생각해봄으로써 좀 더 목표를 구체화할 수 있다.

⑤ 성과를 얻기 위해 활용 가능한 자원을 고려하라

자원에는 내적자원과 외적자원이 있다. 내적자원은 스스로 해결해 갈 수 있는 기술, 인내심, 사교술 등 개인이 가진 모든 잠재력이다. 외적자원은 주변 사람 혹은 환경을 말하고, 내외적으로 선택할 수 있는 자원이 많을수록 성과를 이룰 수 있는 확률도 커진다.

⑥ 현재의 목표와 장기적 목표와의 관련성을 검토하라

개인의 성과는 보다 장기적인 목표의 일부가 될 수 있다. 하나의 성과를 자신의 중요한 다른 계획이나 목표에 연결하면 보다 큰 목표를 향한 의욕도 커진다.

(2) Pillar two: 감각의 민감성(sensory acuity)

민감성은 보고, 듣고, 느끼는 감각을 통한 관찰, 식별의 능력을 의미한다. 감각적 민감성은 개인이 무엇을 원하는지, 개인의 목표(outcomes)에 더 가까워지도록 정보를 제공하는 측면에서 중요하다.

사람들은 감각기관을 사용함으로써 어떤 현상에 대해 직접적인 경험을 한다. 즉, 감각기관을 통해 자신에게 실제 일어나는 일을 보고, 듣고, 느끼는 방식으로 직접적인 경험을 하게 된다. NLP를 통해 어린아이와 같은 민감성을 찾을 수 있다.

(3) Pillar three: 행동적 융통성(behavioral flexibility)

세 번째는 행동적 융통성이다. 목표를 정한 뒤 각각의 행동에 대한 피드백을 얻기 위해 감각적 민감성이 사용된다. 만약 실행한 행동이 목표성취를 어렵게 한다면 다른 행동을 찾을 필요가 있다. 실패는 없다. 단지 배움만이 있을 뿐이다. 문제나 제한점은 새로운 방법을 개발할 기회다. 그러므로 어느 특정 행동을 통해서만 목표를 달성하려고 하기보다 융통적으로 행동할 필요가 있다.

특정행동을 고집하기보다는 여러 행동 대안을 염두에 두고 필요할 때 그중 한 가지를 선택하여 행동할 수 있다. 일반적으로 선택의 폭이 넓을수록 성공할 기회도 많아진다.

(4) Pillar four: 관계형성(rapport)

첫 번째 pillar에서 세 번째 pillar까지는 만약 다른 사람의 개입이 없다면 목표 성취가 가능하다. 만약 다른 사람이 개입된다면 그들의 협조가 요구되며, 서로의 신뢰와 이해가 기반이 되어야 한다. rapport는 친밀한 신뢰관계를 의미한다. 그것은 타인과의 관계뿐 아니라 자기 자신과의 관계에서도 적용된다. 풀(glue)처럼 서로를 묶어 준다.

NLP에서의 관계는 타인과의 관계뿐만 아니라 자기 자신과의 관계도 포함한다. 또한 신체적 · 정신적 · 영적 차원에서의 관계를 통해 자신이 단순히 한 개인이 아니라 보다 큰 전체의 한 부분임에 대한 인식을 의미한다.

일반적으로 사람들은 여러 가지 방식으로 관계를 형성한다. 그 방식은 말, 신체언어, 음성적 요소 같은 것이다. 대화에서 가장 확실한 의사소통은 말이지만 그것은 전체 의사소통의 일부에 불과하다.

① 신체언어

다른 사람과의 관계 형성에 영향을 미치는 것 중의 하나는 상대를 인정해 주고 상대에게 신체언어(body language)와 말투를 일치시키는 것이다. 옷차림과 외모도 신체언어의 일부다. 상대와 장소와 시간에 적절한 차림은 상대에게 신임을 준다. 서거나 앉아 있는 상대에게 함께 서거나 앉아서 이야기하기, 상대와의 시선 접촉의 형태 등이 신체언어에 속한다.

② 목소리

상대가 속삭이면 그에 따라 목소리를 조절함으로써 신뢰로운 관계를 형성할 수 있다.

③ 단어

특정 단어를 사용함으로써 관계 형성이 가능한데 적절한 곳에서 상대방이 주로 사용하는 전문용어를 같이 사용함으로써 직업적 신뢰감을 얻을 수 있다.

④ 보조 맞추기

신체언어, 억양, 말을 일치시키고 신념과 가치관을 존중하는 것을 NLP에서는 보조 맞추기(pacing)라 한다. 보조 맞추기는 상대방으로 하여금 나에게 맞추도록 하는 것이 아니라 내가 상대의 세계관 속으로 들어가서 그를 만나는 융통성(flexibility)을 발휘하는 일이다.

⑤ 일관성

몸과 마음 사이에 rapport가 형성되는 상태를 NLP에서는 일관성(congruence)이라 한다. 일관성은 개인의 신체언어, 음성, 말이 시종일관 같은 메시지를 전달하는 것을 의미한다. 개인이 가진 심념과 가치관은 그가 하는 행동과 일치한다.

2) NLP 코칭의 기법

NLP의 기법은 대부분 과거의 부정적 기억을 분리하고 긍정적 기억을 극대화하도록 구성되어 있다. NLP의 주요기법은 결과각본, 라포, 관점 바꾸기, 메타모델, 표상, 모델링, 목표설정, 시간선, 스위시, 지각적 입장 등이 있다.

〈표 8-2〉 NLP의 주요기법

기법	내용
결과각본	자신이 원하는 것이 무엇이며 가고 싶은 곳이 어디인지에 집중하게 하며 원하는 것을 취하는 데 필요한 자원을 발견하고 사용하여 성취가능성을 최대화시킴
라포	의사소통에서 상대방과의 사이에 형성되는 친밀감 또는 신뢰관계를 의미, 본질적으로 상대방을 그의 세계 모형 속에서 만나는 것, 즉 좋은 관계를 이룩하게 함
관점 바꾸기	경험이나 사실을 다른 차원이나 다른 관점에서 바라보고 다른 의미를 부여하는 것으로, 행동으로부터 의도를 분리해내는 것으로 부정적인 사건이나 신념에서 벗어나고자 할 때 유용함
메타모델	어떤 사람의 글이나 말로써 표현된 언어 속에서 일반화, 왜곡, 생략과 같은 유형이 어떻게 작용하여 그의 세상 모형이 그려지는지를 설명하는 언어적 도구로, 자신이 보고 싶은 것, 듣고 싶은 것만 보고 듣고 느끼는 현상을 메타모델 위반이라 하며, 이에 도전하는 질문을 메타모델 도전이라 함

출처: 진명일 외 (2012).

〈표 8-3〉 NLP의 주요기법

기법	내용
표상	감각기관을 통해 받아들여진 정보를 인출하거나 기억을 되살릴 때에는 시각, 청각, 체감각, 미각, 후각으로 느끼는 경험이 마음속에 그려지는 것. 선호표상체계는 한 개인이 시각, 청각, 신체감각, 내부언어의 네 가지 감각 또는 표상체계 중에서 특히 어느 감각적 요소를 더 많이 즐겨 활용하는 것
모델링	성공한 사람들은 그들이 보고 듣고 느끼는 데 어떤 공통 패턴이 있으며, 무엇을 보며 무엇을 어떻게 듣고 느껴서 이것을 어떻게 진행시키는지에 대한 방법을 본뜨는 것을 의미
밀턴모형	밀턴 에릭슨의 최면적 언어를 체계화한 것이기 때문에 붙여진 이름으로, 어떤 상황에서 의도적으로 모호하고 추상적으로 표현하는 것을 말함
목표설정 (SMART 원리)	목표를 설정하기 위해 SMART 원리를 따르는 것으로, 구체성, 측정가능성, 성취가능성, 합리성과 책무성, 시한성을 의미함
시간선 (time-line)	과거-현재-미래를 연결하는 선을 말하는 것으로 사람의 현재가 과거의 산물이듯이, 미래 또한 현재의 산물이며, 만약 현재에 특정한 문제를 경험하고 있다면 그 문제의 뿌리는 과거에 있기에 시간선 작업을 통해서 그 과거의 뿌리 경험을 취급함으로써 문제를 해결하는 것
스위시 (swish)	휘익기법이라고도 하며, 의성어로 채찍 같은 것이 휙 소리나다는 뜻이고, NLP에서는 자기가 원래 가지고 있던 바꾸고 싶은 행동을 자기가 새로이 만들어낸 바람직한 모델로 휘익 바꾼다는 것을 의미함
지각적 입장	세 가지 견해를 결정하고 탐색하게 할 기회를 제공함. 1차 입장은 자기 개인의 견해를 나타내는 자리로 나의 신념과 가치관을 탐색할 수 있으며, 2차 입장은 다른 사람의 견해와 입장으로 상대의 의견, 신념, 가치관, 느낌 등을 지각할 수 있고, 3차 입장은 다른 사람의 패턴을 객관적으로 볼 수 있으며 중립적인 견해를 취하는 것으로 분리되고 관조가 된 입장을 의미함

출처: 진명일 외 (2012).

4. NLP 코칭의 감각체계

NLP의 핵심은 인간의 우수성과 가능성에 대한 확신이다. NLP 코칭은 인간은 자신에게 필요한 모든 내적자원을 가진 무한한 잠재력의 소유자라는 전제하에 의미 있는 관계를 통한 변화와 성장을 도모한다. NLP 코칭은 자신 및 타인과의 탁월한 관계(의사소통)를 통해 행복한 삶을 창조하고 영위하는 데 그 의의가 있다.

상담 및 치료의 기술로 활용되어 왔던 NLP는 내적자원의 개발 가능성에 대한 강한 믿음에 근거하여 그 영역과 대상이 확대되고 있다. 최근에는 코칭의 주요 영역, 곧 인생코칭(life coaching), 사업코칭(business coaching) 및 진로코칭(career coaching) 그리고 개인의 성장에 초점을 둔 자기코칭(self coaching) 등으로 점차 확대되고 있다.

인간은 감각을 통해 모든 정보를 처리한다.

우리의 감각은 외부로부터 전달되는 것들을 수용한다. 이 메시지가 시각을 담당하는 대뇌피질로 전달되어 분석을 하게 되고 과거의 경험과 연결되어 지각이 형성된다. 사람은 이 지각을 통해 세상을 보게 되는데, 이때 신념 · 가치관 · 흥미 · 견해 · 선입견을 통해 세상을 적당히 걸러서 받아들인다. NLP에서는 감각을 표상체계라 한다. 표상체계에는 시각(V: Visual), 청각(A: Auditory), 신체감각(K: Kinethetic), 미각(G: Gustatory), 후각(O: Olfactory)이 있다. NLP 코칭에서는 대표 감각체계로 시각 · 청각 · 체각 시스템을 사용한다.

(1) 시각 시스템(V: Visual System)

하얀 백사장을 떠올리거나 자신의 방을 어떻게 정돈할 것인가를 계획한다면 이는 시각 시스템을 사용하는 것이다.

(2) 청각 시스템(A: Auditory System)

전에 들었던 음악을 어떻게 들었는지, 목소리, 파도소리, 침묵상태 등을 상상하면 이는 청각 시스템을 사용하는 것이다.

(3) 체각 시스템(K: Kinesthetic System)

이는 피부를 통해 인지하는 것으로 외부적인 느낌이나 평형감각 등이 속한다. 감정 역시 약간 다르지만 체각 시스템에 속한다. 부드러운 느낌, 행복함 등이 이에 속한다(O'Connor, 2004).

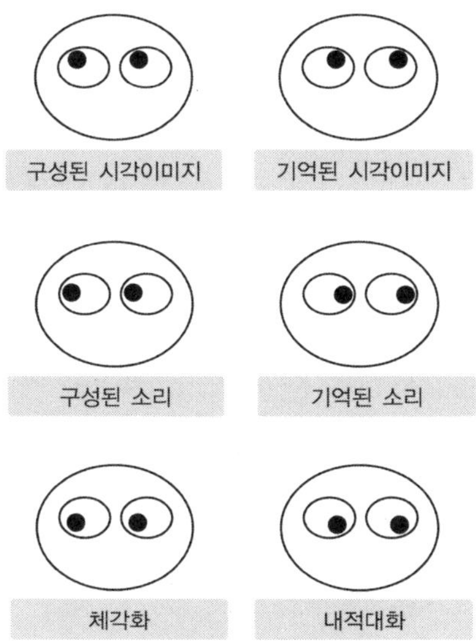

[그림 8-2] 눈동자의 접근 단서

출처: O'Connor, J., & Seymour, J. (2002).

사람들은 각자 우선적으로 사용하는 선호감각(preferences)이 있다. 눈동자의 움직임은 NLP에서 눈동자 접근단서(eye accessing cues)라고 한다. 눈동자의 움직임은 특정 표상체계와 연결된다. 일반적으로 사람들은 시각화할 때 위쪽을 쳐다보거나 초점이 흐려진다. 내면의 소리를 들을 때는 눈동자를 중앙의 왼쪽 또는 오른쪽으로 움직이며 주로 왼쪽 아래를 내려다본다. 신체감각적으로 사고할 때는 자신의 오른쪽 아래를 본다.

눈동자 접근단서를 확인하기 위해서는 어떤 일에 대한 느낌이 어떠한지 질문해 볼 수 있다. 눈동자의 움직임은 알아내기 쉬울 뿐이지 그렇다고 유일한 식별단서(accessing cue)는 아니다(O'Connor, 2005). 다른 눈동자 식별단서는 다음과 같다(도미향 외, 2019).

① 눈 깜박이기: 사람은 항상 눈을 깜박인다. 이것은 눈 부위의 근육을 부드럽게 하려는 자연적인 현상이다. 많은 사람들이 자신이 생각하는 것보다 자주 눈을 깜박인다.

② 특정한 일부 식별단서 사용하지 않기: 정신적 외상으로 인해 계획적으로 시각, 청각, 체각 중의 특정 정보를 막아버리는 것일 수 있다.

③ 명확한 식별단서 사용하지 않기: 친근한 주제를 사용하고 있을 경우다. 생각이 필요한 질문을 한다.

④ 즉각적 내적 대화: 고객의 입술이 움직이는 것은 코치의 질문을 반복하는 것이다. 사람은 질문을 받으면, 곧장 받은 질문을 내부에서 되풀이한 후 대답하는 무의식 응답반사 전략을 쓴다.

활동 8-1 Eye Accessing Cue

당신의 오감각 중 대표적으로 활용하는 감각을 눈동자 단서를 활용해서 찾아보세요.

1. 두 사람이 마주보고 앉아 한 사람이 자연스럽게 과거의 경험을 이야기하면 다른 사람은 눈동자의 움직임을 파악해서 기록합니다.
2. 사용하는 언어 중 본다, 들린다, 느낀다의 용어 사용을 기록합니다.

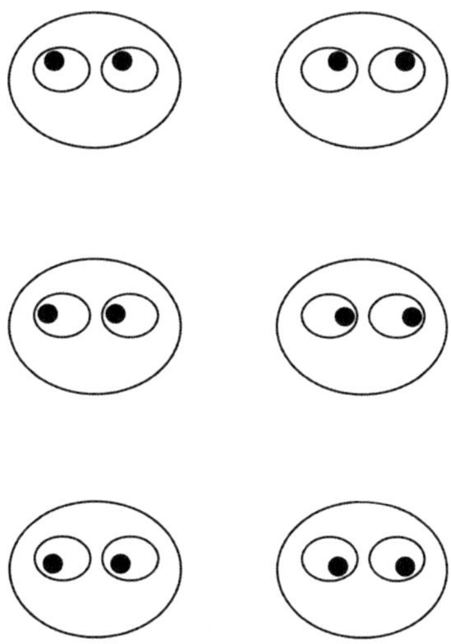

활동 8-2 앵커링

당신의 삶에서 가장 행복했던 때를 장면으로 떠올려서 그 장면에서 무엇이 보이는지, 어떤 소리가 들리는지, 그때 느껴졌던 기분과 느낌을 간단히 쓰고, 그 상황을 언제든지 떠올릴 수 있는 짧은 구호와 포즈로 만들어 보세요.

배가 안전한 곳에 닻을 내려 정박하는 것에서 의미를 따온 앵커링은 자신의 삶에서 행복했던 때, 높은 성과를 이루었던 때의 장면을 떠올리고 그 감정을 구호나 포즈로 만들어 일상생활에서 그 구호나 포즈를 사용함으로써 행복했던 때 기쁨이 충만했던 때의 상태를 유지하는 것입니다.

활동 8-3 나를 칭찬해

당신이 원하는 것을 모두 이루어 성공적인 삶을 살 수 있도록 스스로 인정지지 해주세요. 아래의 칸에 2~3개의 단어를 연결해 구어체로 적어 보세요.

성공적인 삶을 살려고 노력하는 **당신 자신에게 말 한 마디**	
당신을 가장 아끼고 지지해 주는 **지인이 들려주는 말 한 마디**	
꼭 응원받고 싶은 **가족이 들려주는 말 한 마디**	

참고문헌

권오남(2011). 수학과 교육 영역 창의 · 인성교육 교수 학습 자료 개발 연구. 한국과학창의재단.

김경섭(2005). 비즈니스를 성공적으로 이끄는 코칭대화기술. 경기: 김영사.

김광석(2000). 코치의 리더십 유형과 구성원 성숙도 및 만족도가 집단 응집력에 미치는 영향. 경성대학교 대학원 박사학위논문.

김순천 · 도미향(2008). 가족리더십 코칭 프로그램이 보육교사의 효능감과 직무만족도에 미치는 영향. 한국가족복지학, 13(3), 207-221.

김정규(2006). 성경적 코칭(coaching)의 개념과 방향에 관한 연구. 고신대학교 대학원 석사학위논문.

김정식 · 서문교(2008). 리더의 코칭행위가 조직구성원들의 인지적 유연성과 성과에 미치는 영향. 한국인적자원관리학, 15(3), 31-48.

김정제(2009). 코칭리더십을 적용한 초급지휘관 리더십의 개선방향에 관한 연구. 한남대학교 사회문화대학원 석사학위논문.

김정택 · 심혜숙 · 제석봉(2003). MBTI 개발과 활용. 한국심리검사연구소.

김충기(2005). 교육심리학. 서울: 태영출판사.

김충기 · 장선철(2006). 진로상담. 서울: 태영출판사.

도미라 · 김준경(2010). 학교부적응 학생에 대한 교사의 역할지지를 위한 코칭기법 적용 사례. 코칭연구, 3(1), 65-84.

도미향(2007a). 가족역량강화를 위한 리더십 코칭 접근. 한국코칭학회·한국코치협회 공동학술대회 자료집.

도미향(2007b). 맞벌이 어머니 지지를 위한 코칭기법의 적용 사례연구. 한국가족복지학회, 12(3), 213-230.

도미향(2008). 한국가족복지학회 제31회 워크숍 자료집. 가족코치1단계 강사연수과정.

도미향(2008a). 가족역량 강화를 위한 리더십 코칭 접근. 코칭연구, 1, 21-40.

도미향(2008b). 해피온코칭 프로그램 개발: 가족, 부모, 아동코칭. 한국코칭학회 · 한국코치협회 2008년도 추계학술대회 자료집.

도미향(2009). 코칭학의 체계정립을 위한 다각적 접근(1) : 코칭의 유형분류를 중심으로. 한국코칭학회 춘계학술대회 자료집.

도미향(2020). 아이가 달라지는 엄마의 말. 서울: 라온북.

도미향 · 김순천(2009). 영아의 문제해결력과 주도성 향상을 위한 레지오 에밀리아 코칭 프로그램의 적용. 코칭연구, 2(2), 5-38.

도미향 · 심교준(2020). 뉴코드 NLP 엑스퍼트 코칭. 서울: 신정.

도미향 · 윤진희 · 김병은(2009). 유아의 사회·정서 발달 촉진을 위한 코칭대화 기법에 관한 사례연구. 코칭연구, 2(2), 83-116.

도미향 · 이경주(2010). 코칭을 활용한 레지오 에밀리아 접근법이 유아의 언어 창의성에 미치는 효과. 코칭연구, 3(1), 17-39.

도미향 · 정미현(2008). The effects of family Leadership Coaching program on parenting efficacy and child-rearing stress. Internatioral Jourral of family Welfare, 12(2), 119-144.

도미향 · 정미현(2010). 조직의 성과달성을 위한 리더십코칭 연구 동향. 코칭연구, 3(2) 5-22.

도미향 · 정미현(2011). 한국의 코칭 연구 경향에 관한 분석. 코칭연구, 4(1), 5-25.

도미향 · 채경선(2006). 부모-자녀 관계 코칭. 한국가족복지학회 춘계학술대회 자료집.

문정화 · 하종덕(2016). 또 하나의 교육 창의성. 서울: 학지사.

박재호(2003). 벤처기업 리더의 핵심역량에 관한 연구: core Competency와 Executive Coaching을 중심으로. 영남지역발전연구, 32, 23-50.

박창규 · 이소희(2006). NLPia Coaching. 한국부모코칭센터.

브리태니커(2011). 다음 백과사전(http://enc.daum.net/dic100/contents.do?query1=b03g1209a)

비전에니어그램교육연구소(2009). 비전에니어그램교육용 배부자료. 비전에니어그램교육연구소.

선종욱(2010). 코칭다이나믹스. 서울: 이담.

설기문(2007). NLP의 원리. 서울: 학지사.

손정락(2006). 성격심리학: 통합을 향하여(제7판). 서울: 시그마프레스.

유진상 역(2006). 배려의 심리학. Chris Ravan. 서울: 스타북스.

윤운성(2005). 에니어그램 평가. 한국에니어그램 4단계. 한국에니어그램 연구소.

이소희(2003). 부모-자녀관계와 리더십. 남서울대학교 아동가족상담센터 특강 자료.

이소희(2006). 가족 코치의 역할과 가족코칭의 이해. 가족코치 워크숍 자료집, 1-13.

이소희(2007a). 가족 코칭의 개념·기본원리·코칭의 활용. 한국가족복지학회 제20회 워크숍 가족코치 1단계 강사(FT)연수과정 자료집, 1-14.

이소희(2007b). NLP를 활용한 코치. 한국가족복지학회 제22회 워크숍 가족 코치 2단계 연수과정 자료집, 1-24.

이소희(2009). 비전에니어그램 교육용메뉴얼. 비전에니어그램교육연구소.

이소희 · 강경자 · 김주아(2004). 4RL(The 4 Roles of Leadership) 모델에 기반한 유아교육 기관장 리더십의 평가척도 개발 연구. 한국가족복지학회. 한국가족복지학, 9(2), 75-93.

이소희 · 심교준 역(2007). 부모와 자녀를 사랑으로 묶는 끈 NLP. 서울: 신정.

이소희 · 심교준 역(2007). 우리 아이 속에 잠든 거인을 깨우는 NLP. 서울: 신정.

이송이(2005). 아동 · 청소년 발달단계에 따른 코칭적 접근. 한국가족복지학회 제13회 워크숍 자료집.

이순규(2007). 그룹코칭 프로그램이 간호사의 감성지능과 자기효능감에 미치는 효과. 연세대학교 대학원 박사학위논문.

이창준(2002). 재미있는 사람읽기. GURU-People's.

이화자(2007). 코칭을 통한 중소벤처기업 CEO의 리더십 향상 방안. 건국대학교 대학원 석사학위논문.

이희경(2005). 코칭입문. 서울: 교보문고.

인코칭(2003). Coaching for You 교육용 매뉴얼. 인코칭.

장태관(2005). 코칭을 통한 리더십 향상 방안에 관한 연구: 자동차 부품업체를 중심으로. 중앙대학교 산업경영대학원 석사학위논문.

정미현(2009). 한부모가족 지원체계로서의 리더십코칭접근. 코칭연구, 2(2), 69-82.

정여주(2003). 미술치료의 이해. 서울: 학지사.

전경원(2000). 동서양의 하모니를 위한 창의학. 서울: 학문사.

전성희 · 도미향(2009). 코칭 프로그램이 아동의 자아존중감과 서번트 리더십에 미치는 효과. 코칭연구, 2(1).

진명일 이영순 이연숙 김미선(2012). 국내 신경언어프로그래밍(NLP)의 연구동향에 관한 고찰. 사회과학연구, 36(2), 293-319.

조연순 · 성진숙 · 이혜주(2008). 창의성의 교육: 창의적 문제해결력 계발과 교육 방법. 이화여자대학교 출판부.

최외선 · 제석봉 · 이소희 · 김갑숙 · 도미향 · 김수진 · 조숙경 · 마미정 · 정미현 · 김응자 · 이정화 · 김미선 · 조진숙(2007). 부모상담의 이해와 기법. 서울: 키드키즈.

최치영(2004). 상사의 코칭이 직원 및 고객만족에 미치는 영향에 관한 연구: 우리나라 대학병원 간호사를 중심으로. 수원대학교 대학원 박사학위논문.

최효진(2006). Dynamic Coaching Leadership. 서울: 새로운 사람들.

최효진 · 황소영 · 유용미(2006). 삶을 움직이는 힘 코칭 핵심 70. 서울: 새로운 사람들.

편집부(2007). 21세기 학습백과사전. 경기: 웅진출판.

한국리더십센터(2005). 4가지 리더의 역할 매뉴얼(4RL).

한국리더십센터(2005). The Seven Habits of Highly Effective People.

한국부모코칭센터(2014). 부모코칭 메뉴얼. 한국부모코칭센터.

한국코칭센터(2002). 코칭클리닉 교육용 매뉴얼. 한국코칭센터.

한국코칭학회(2009). 코칭학의 체계정립을 위한 다각적 접근(1): 코칭의 유형분류를 중심으로, 한국코칭학회 춘계학술대회자료집.

한국코칭학회(2018). 전문자격코치 2급과정 C-PLUS 코칭프로그램 매뉴얼. 한국코칭학회.

한허정(2007). 조직 중간관리자의 코칭 역량에 관한 연구. 서울대학교 대학원 석사학위논문.

홍의숙(2010). 중소기업 리더 코칭이 자기효능감을 매개로 직무관련성과에 미치는 영향에 관한 연구. 숭실대학교 대학원 박사학위논문.

홍의숙 · 윤혁덕(2009). 중소기업 리더 코칭이 직무관련 태도에 미치는 영향에 관한 연구. 한국기업경영학회지, 30, 259-275.

Aldag, R., & Kuzuhara, L. (2002). Organizational behavior and management: *An integrated skills approach*. Australia. MN, South-western/Thomson learning.

Alfred, A. (1998). Understanding Human Nature. Oneworld Pub.

Allport, G. W. (1961). *Pattern and Growth in Personality*. Holt, Rinehart and Winston.

Amabile, T. M. (1983). The social psychology of creativity; A componential conceptualization. *Journal of Personality and Social psychology, 45*, 357-376.

Bavister, S., & Vickers, A. (2004). Teach yourself NLP. McGraw-Hill Ryerson Ltd.

Bem, P. A. (2003). Personality Theories. Allen & Bacon.

Bloom, G., Castagna, C., Moir, E., & Warren, B. (2005). Blended coaching: *Skills and strategies to support principal development*. Thousand Oaks, CA: Corwin.

Crane, T. (2002). *The heart of coaching using transformational coaching to creat a high performance*. Sandiego: FTA press.

Cropley, A. J. (1999). Creativity and cognition: Producing effective novelty. *Roeper Review, 21*, 4, 253-260.

Csikszentmihalyi, M. (1988). Society, culture, person: A system view of creativity. In R. Sternberg(Ed). The nature of creativity: contemporary psychological perspective. (pp.325-339). Cambridge University Press.

Dacey, J. S., & Lennon, K. H. (1966). Understanding Creativity. 이신동 · 이정규 · 박성은 · 김은진(역)(2006). 창의성의 이해. 서울: 박학사.

Dilts, R., & McDonald, R. (1997). Tools of the Spirit. CA: Meta Publications.

DSM-IV (1995). 정신장애의 진단 및 통계편람. 미국정신의학회 (Diagnostic and Statistical Manual of Mental Disorders 4th Ed). 서울: 하나의학사.

Feldman, D. H. (1974). Universal to unique. In S, Rosner & L. E. Abt(Eds.), Essays in creativity. Croton-on-Hudson, NY: North River Press.

Gardner, H. (1993). *Creating minds.* New York: Basic House.

Gardner, H. (1999). Intelligence Reframed. 문용린(역)(2002). 다중지식-인간 지능의 새로운 이해. 김영사.

Grant, A. M. (2013). Autonomy support, relationship satisfaction and goal focus in the coach-coachee relationship: Which best predicts coaching success?. Coaching: *an international journal of theory, research & practice, 7*(1), 18-38.

Guilford, J. P. (1950). Creativity. *American Psychologist, 5*, 444-454.

Guilford, J. P. (1956). "Structure of intellect," *Psychological Bulletin, 53*, 267-293.

Guilford, J. P. (1967). The nature of human intelligence. New York: McGrow-Hill.

Jonathan Passmore (2012). Psychometrics in Coaching (2nd ed). 도미향 · 김혜연 · 김응자 · 정미현 · 서복선 · 황현호 · 김지현(2019). 코칭심리측정의 이해와 활용. 서울: 북허브.

Karen, Kimsey-H., Henry Kimsey-H., Phillip, S., & Laura, W. (2018). Co-Active Coaching, Fourth Edition: The proven framework for transformative conversations at work and in life.

Kaufman, J. C., Kaufman, S. B., & Lichtenberger, E. O. (2011). Finding creative potential on intelligence tests via divergent production. *Canadian Journal of school Psychology, 26*(2), 83-106.

Mihaly Csikszentmihalyi (1996). 창의성의 즐거움. 서울: 북로드.

Knight, S. (2007). NLP at work; Neuro Linguistic Programming. 2nd Ed. Nicholas Brealey Pub.

Lanigan, J., Peterson, K., & Jewett, J. (2006). Building leadership capacity of family home childcare providers. *Journal of family and consumer science. 98*, 70-74.

Maslow, A. H. (1970). *Motivation and personality.* 2nd. NY: Harper.

Nicholson, I. A. (2002). Inventing Personality: Gordon Allport and the Science of Selfhood. American Psychological Association.

O'connor, J., & Lages, Andrea. (2005). Coaching With NLP. HarperCollins Pub.

O'connor, J., & Seymour, J. (2002). Introducing NLP. Psychological Skills for Understanding and Influencing people. HarperCollins Pub.

Pipes. P., & Trahms. C. (1997). Nutrition in infancy and Childhood, 6th ed. Mosby College Pub.

Reggio, R., & Reichard, R. (2008). The emotional and social intelligence of effective leadership. *Journal of managerial psychology, 23* (2), 169-185.

Riso, D. R., & Hudson. R. (1996). *Personality types.* New York: Houghton Mifflin.

Santrock, J. W. (2007). Child Development 10th ed. McGraw-Hill College.

Schultz, D. (1977). Growth Psychology. Litton Educational Pub.

Slavin, R. E. (2007). Educational Psychology: Theory and Practice and My labschool and Emerging Trends Booklet. Prentice Hall.

Scullard, M., & Baum, D. (2015). Everything DiSC. Weley.

Silvia, P. J., & Beaty, R. E. (2012). Making creative metaphors: The importance of fluid intelligence for creative thought. *Intelligence, 40* (4), 343-351.

Smith, J. A., Flowers, P., & Larkin, M. (2009). Interpretative Phenomenological Analysis: Theory, Method and Research. London: SAGE.

Sternberg, R. J., & Lubart, T. I. (1991). An investment theory of creativity and its development, *Human Development, 34*, 1-31.

Sternberg, R. J., & Lubart, T. I. (1996). Investing in creativity, *American Psychologist, 51*, 677-682.

Stowell, S. (1986). Leadership and Coaching. Ph. D. Dissertation. University of Utah, Nikolaou, I., & Tsaousis, I.(2002). Emotional Intelligence in the Workplace: Exploring its on Occupational Stress and Organizational Commitment. *International Journal of Organizational Analysis, 10*(4), 327-342.

Stowell, S. J., & Starcevich, M. M. (2002). 윈윈 파트너십. 최치영 역. 서울: 21세기북스.

Taylor, C. W. (1988). Various approaches to and definitions of creativity. InR. J. Sternberg (Ed.), The nature of creativity: Contemporary psychological perspectives. New York: Canbridge Univ. Press.

Torrance, E. (1963). Education and the creative potential. Mineapolis, Minesota: University of Minesota Press.

Torrance, E. P. (1966). The Torrance Test of creative thinking: Technical-norms manual(research ed.) Princeton, NJ: Personnel Press.

Torrance, E. P. (1974). Torrance test on creative thinking: Norms-technical manual. Bensenville, IL: Scholastic Testing Service.

Torrance, E. P. (1995). Why fly?: A philosophy of creativity. 이종연 (2005). 토랜스의 창의성과 교육. 서울: 학지사.

Truter, I. (2008). Neuro-Linguistic Programming(NLP). SA Pharmaceutical Journal.

Wallas, G. (1926). The art of thought. London, UK: Jonathan Cape.

Weisberg, R. W. (1999). Creativity and Knowledge: A challenge to theories. In R.J.Sternberg(Ed), Handbook of creativity. Cambridge University Press.

Whittmore, J. (2002). Coaching for performance(3rd ed). London: Nichoas Brealey.

Wiggins, J. S. (2005). Paradigms of Personality Assessment. Guilford Pub.

찾아보기

저/ 자/ 소/ 개

◆ 김응자

숙명여자대학교 문학박사
남서울대학교 대학원 코칭학과 교수 / 아동복지학과 교수
한국코칭학회 부회장 / 한국부모교육학회 부회장
전) 한국부모코칭센터 대표 / 비전에니어그램교육연구소 소장

자격: 국제코치연맹(ICF) 전문코치(PCC), 한국코치협회 프로페셔널코치(KPC)
한국코칭학회 마스터코치(KMC) 에니어그램 전문가
MAGIC 9 부모코칭 전문가, MAGIC 9 교사코칭 전문가

◆ 도미향

숙명여자대학교 이학박사
남서울대학교 대학원 코칭학과 교수 / 아동복지학과 교수
국제코칭연맹(ICF) 코리아챕터 회장 / 한국부모교육학회 회장
펜실베이니아대학교 방문교수 / 하버드대 관련 코칭연구소 펠로우
한국코칭학회 편집위원장 / 한국코칭심리연구소 대표코치
전) 한국코칭학회 회장 / 올해의 코치상 수상(한국코치협회)
SBS TV 'SOS 긴급출동 24시' 솔루션위원회 자문교수

자격: 국제코칭연맹(ICF) 마스터코치(MCC), 한국코치협회 슈퍼바이저코치(KSC)
한국코칭학회 마스터코치(KMC), 리더십(7가지습관) 강사
Coaching Clinic, NLPia Coaching FT, 에니어그램 강사

◆ 정미현

고려대학교 이학박사 수료
남서울전문학교 아동가족계열 교수
한국부모교육학회 부회장 / 한국영유아보육교육학회 이사
전) 한국코칭학회 총무이사 / 평화보육교사교육원 부원장
고려대학교 강사 / 남서울대학교 아동복지학과 겸임교수

자격: 한국코칭학회 코칭전문가(KMC), 한국가족복지학회 코칭전문 강사

창의성과 코칭

초판발행 2020년 3월 10일 **1판 1쇄 발행** | 2021년 3월 10일 **1판 2쇄 발행**
2023년 9월 10일 **1판 3쇄 발행**

지은이 김응자 도미향 정미현
펴낸이 최용구 | **펴낸곳** 도서출판 **신정**
주소 (04316) 서울시 용산구 원효로 89길 19 (원효로1가)
전화 02)3211-4782, 0266(영업부), 3211-4783(편집부), 3211-4784(팩스)
이메일 shinjeong72@naver.com | **홈페이지** www.sjbook.co.kr
등록 2001년 5월 11일 제13-702호
기획마케팅 최용구 장만동 송대용 최충구 | **책임편집** 석기은 황가연 | **표지** SDY

ISBN 978-89-5912-518-0 93370
정가 12,000원